AF288986

Der sonderbare Strauch

Ein zeitkritisches Märchen für Erwachsene
Reflexionen über unsere Zeit

von

Peter Chris Mendl

Nachdruck oder Vervielfältigungen, auch auszugsweise, bedürfen der schriftlichen Zustimmung des Verlages

Bibliografische Information der Deutschen National-bibliothek: Die Deutsche Nationalbibliothek verzeichnet diese Publikation in der Deutschen Nationalbibliografie; detaillierte bibliografische Daten sind im Internet über < http://dnb.d-nb.de >abrufbar.

© 2007 Peter Chris Mendl
Herstellung und Verlag: Books on Demand GmbH, Norderstedt
ISBN 978-3-8334-6436-2

Alle Rechte liegen beim Autor

Umschlagsgestaltung: Peter Chris Mendl

Ähnlichkeiten mit lebenden oder toten Personen sind rein zufällig und nicht beabsichtigt.

1. Kapitel

"Diagonal lesen! Schnell! Ja, noch schneller! Am besten, wir hätten an unserem Hirnkästchen einen kleinen Stecker, womit man nur noch eine Verbindung zu einem Computer herstellen müsste — schon ist alles getan. Herrlich! Wunderbar! — Wirklich: wunderbar? Nur frage ich mich: Was danach? Was haben wir davon? Überhaupt, was haben wir von alldem, was uns gefällt und interessiert, wenn wir uns diesem nur flüchtig hingeben?"

Das sagte ein junger Mann, der Ältere unter den jungen Leuten, die so Ende zwanzig waren und sich auf einer großen Rasenfläche innerhalb eines Parks niedergelassen hatten.

Neben ihnen befand sich ein Strauch, der fast so groß war wie ein Baum. Er sah sehr sonderlich aus, denn allein sein Blattwerk ragte über mehrere Meter von seinem Stamm hinaus. Darunter war auch eine Tafel angebracht, auf der mit lateinischen Lettern geschrieben stand, wie er in jene Welt der Pflanzen eingeordnet werden konnte.

Auf jene Aussagen des jungen Mannes entgegnete ein Mädchen, das neben ihm saß: "Du wirst doch nicht sagen wollen, dass du jeden Kram sorgfältig liest. Auch machst du selbst nicht alles bedachtsam." Darauf fügte es lächelnd hinzu: "Allein deine ausladenden Schritte ..." Und darüber mussten auch andere lachen, denn einige unter ihnen wussten, dass er nicht nur schnell ging, sondern auch manches, was er zu tun hatte, rasch erledigte. Ebenso musste auch der Angesprochene über sich selbst lachen, und nach einem lang gezogen gesprochenen "Na ja" kam er gleich wieder zur Sache: "Aber wenn ich ein schönes Buch lese, das mir in allem sehr gefällt, so nehme ich mir Zeit dazu. Dabei kommt es auch nicht selten vor, dass ich manche Passagen mehrmals lese, denn ein Buch — ich will es richtig genießen. Ich möchte mit dem leben, was darin steht. Überhaupt, was mir gefällt — ich möchte es beseelen."

Aber man verstand ihn nicht so recht; erwiderte doch gleich einer neben ihm: "Ach, du stehst doch nur auf Äußerlichkeiten. Das sieht man schon daran, dass du nur mit gebügelten Hosen und weißen Hemden einhergehst."

"Lass ihn doch", meinte dessen Freundin daneben. "Du hast doch gesehen, wie lange er die Tafel unter dem Strauch studierte, obwohl er die lateinischen Bezeichnungen gar nicht versteht."

"Gewiss! Verstehen tu ich sie nicht", sagte darauf dieser Ältere. "Aber mich interessiert auch, wie, in welcher Form dies geschrieben steht und ob überhaupt die Schriftart zur Pflanzenkunde passt oder ob man dies ändern sollte. Deshalb sah ich die Tafel auch nachdenklich an."

"Das ist doch reine Geschmacksfrage", meinte ein anderer unter der Runde.

"Nur Geschmacksfrage?!", fuhr der Ältere auf. "Sollen die Botaniker nicht entsprechende Schriftarten wählen, welche zur Botanik passen? Oder soll die Tafel sowie die Schrift nur auf Wetterbeständigkeit ausgelegt sein? Das muss doch alles zusammenpassen, eben um der Schönheit willen."

"Schönheit ist, was gefällt", hörte man ein Mädchen sagen, das etwas entfernt saß.

"Das ist typisch für unseren Zeitgeist, wo es vor lauter Schund um einen herum zur Orientierungslosigkeit kam", erwiderte der Ältere mit Nachdruck. "Da musst du dich erst mal fragen, warum dir das eine oder andere gefällt oder missfällt. Denn deine Zuneigungen oder Ablehnungen kommen nicht nur von dir selbst, sondern du bist auch durch dein Umfeld geprägt. So gibt es beispielsweise einen Grund dafür, warum in vergangenen Zeiten die Italiener die besten Designer waren. Und warum? Weil sie unbewusst von den übrig gebliebenen architektonischen Bruchstücken der Antike beeinflusst waren. Und diese fundieren auf harmonischen Gesetzmäßigkeiten; was ebenso darin zu ersehen ist, wenn wir auf das klassische Griechenland blicken. Diese Leute von damals haben nämlich darüber nachgedacht, was eigentlich Schönheit an sich ist. Denn sie, oder die Ägypter schon vorher, das weiß ich nicht mehr so genau, stießen auf die Erkenntnis, dass sowohl Flora als auch Fauna den harmonischen Maßverhältnissen des Goldenen Schnitts unterliegen. Hier liegt unter anderem bereits ein Beweis vor, dass

Schönheit eben nicht nur auf bloßes Geschmacksempfinden hinausläuft."

"Der Goldene Schnitt –. Was ist das?", fragte einer unter ihnen.

"All die umgebende Natur und wir selbst sind von der Form her
im Goldenen Schnitt geteilt! Und deshalb gefällt uns auch all das,
was dem Goldenen Schnitt zugrunde liegt." Dabei zeigte er auf die
Unterteilung seiner Finger, und machte auf die Verhältnisse der
Proportionen aufmerksam. Ebenso ging er auch zu anderen Kör-
perteilen über. Manche lachten darüber, doch mussten sie ihm
zugestehen, dass seine Hinweise doch beweiskräftig waren.

Auf einmal, als er um sich sah, erblickte er vis-à-vis zwei Mädchen, die unterschiedlich gekleidet waren. Gleich fuhr er auf:
"Mensch! Für die Gesetzmäßigkeiten der Farben haben wir auch
ein Beispiel!" Worauf er sich aus Überraschung darüber erfreut in
seiner sitzenden Haltung etwas zurückneigte.

"Was ist jetzt los?", erstaunte sich einer unter ihnen.

"Ach! Ihr zwei", und dabei deutete er auf diese zwei Mädchen,
"bitte seid so gut, und stellt euch nebeneinander hin!"

"Du spinnst wohl", erwiderte eine unter den beiden.

"Ach! Kommt doch her, ich will euch was zeigen! Und selbst
wenn ich spinne, so lasst mich spinnen."

"Was willst du uns denn zeigen?", fragte eines dieser beiden Mädchen.

"Kommt doch erstmal her. Das werdet ihr gleich sehen!"

Trotz Unverständlichkeit, was er eigentlich vorhatte, gingen die
Mädchen auf seinen Wunsch ein. Sie taten es auch deshalb, weil er
im Allgemeinen durch seine lebhafte Art sehr beliebt war.

Nun, als sie vor ihm standen, sagte er: "Da, schaut mal! Du trägst
eine giftgrüne Bluse, die fast schon in ein kaltes Chromoxydgrün
übergeht, und du", damit meinte er jene, die neben diesem Mädchen stand, "hast eine olivgrüne Hose an! So, jetzt seht euch mal
die Farben an, ob die nebeneinander zusammenpassen. Na, passt
dieses kalte Grün der Bluse zu dem warmen Grün der Hose?"

Bald stimmte ein Mädchen zu, wenn auch unsicher: "Na ja, schön
sieht das nicht gerade aus."

"Ach – schön –!", erwiderte der Ältere leicht ablehnend. "Das ist
nicht einmal eine Frage der Schönheit! Menschenskind! Da tun
einem doch die Augen weh, oder etwa nicht?!"

Einige unter der Runde nickten dieser Vorführung etwas zweifelnd zu. Jedoch ein junger Mann neben ihm meinte: "Also mir ist das egal."

"Ja ja, dir schon. Das kann ich mir vorstellen, denn dir ist es auch egal, ob du von einer Konservenbüchse isst oder von einem schönen Teller. Jedenfalls haben wir gesehen, wie verschiedene Farben zueinander wirken können, und somit nicht alles mit bloßem Geschmacksempfinden begründet sein kann. Andererseits, ob dir Grün oder Blau gefällt, oder was für Farben es auch geben mag, hängt natürlich vom persönlichen Geschmack ab. Ebenso ist es eine Geschmackssache, ob du die eine oder andere Musik hören willst. Aber innerhalb der Musik gibt es ja auch Harmoniegesetze, die unbeachtet Ohrenschmerzen verursachen. Oder blick dir doch mal die Tempel des klassischen Griechenland an! Ist die Akropolis nicht ein Bauwerk, das von einer Ausgewogenheit spricht wie kaum ein anderes? Nichts kann daran hinreichen, weder was vorher noch nachher erschaffen worden ist."

"Da bin ich schon mal dort gewesen", erhielt er von einem Jungen zur Antwort. "Für mich ist das ein Steinhaufen, weiter nichts."

"Was du sagst, spricht von nichts anderem, dass wir von dem Quatsch um uns herum bereits so beeinflusst wurden, dass wir gar nicht mehr in der Lage sind, die Schönheit an sich wahrzunehmen."

"Quatsch", hörte man ein Mädchen sagen, das etwas entfernt saß.

Doch der Ältere fuhr gleich weiter mit seinen Ausführungen. Erregt sagte er: "Jaja, ich weiß, heute geht's nicht mehr um Schönheit, sondern lediglich um etwas Ausgefallenes, weil alles ja geradezu unbedingt anders zu sein hat. Und diese Geschmacklosigkeit wird anerzogen von den Hässlichkeiten und dem Schund, was uns so umgibt – noch dazu unbewusst, ohne dass wir es bemerken. Selbst Kinder – allein wenn ich nur daran denke, kommt mir das Essen hoch – sollen sich an Ekel erregende Sciencefiction-Gestalten gewöhnen. Das ist doch ein Wahnsinn!"

"Ach, du mit deinem Ach-so-schön, und alles muss schön sein", meinte ein anderer ablehnend. "Ein Buch muss schön sein, und das und dies muss schön sein –. Also mich interessiert die Message, und die kommt auch rüber, wenn man manches überfliegt."

"Also was du sagst", fing wiederum ein anderer unter ihnen an, "hat doch nur mit Konsumierung zu tun; mit einem Hineinfressen, ohne sich Gedanken dabei zu machen."

"Gedanken", wiederholte einer höhnisch lächelnd, der vis-à-vis saß. "Heute muss doch alles leicht sein, einfach und doof. Und umso banaler und läppischer, umso besser."

"Neuerdings gibt es auch Hörbücher", entgegnete ein Mädchen neben ihm.

"Ja, weil das Lesen auch schon zu strapaziös geworden ist", erwiderte wiederum dieser Junge zynisch und lächelnd. "Und beim Anhören schlafen sie dann ein wie vorm Fernseher."

Auf einmal stand einer unter ihnen auf, indem er sagte: "Ich fühle mich unwahrscheinlich niedergeschlagen. Von gestern auf heute habe ich nur so zwei Stunden geschlafen. Ich geh jetzt nach Hause." Und als er sich verabschiedete, rief er noch: "Sehen wir uns morgen wieder? Beim Strauch?"

Ja, beim Strauch, so nannte man dieses sonderbare Gewächs. Einfach – Strauch. Jeder wusste, was damit für ein Ort in dem groß angelegten Park gemeint war.

Dieses besondere Gewächs war auch eingezäunt, weil viele Botaniker nicht herausfinden konnten, was es mit ihm auf sich hatte. Die vielen dicht ineinander verschlungenen Stämme, die ihm in seiner überdurchschnittlichen Größe und vor allem wegen seiner immensen Breite einen Halt gaben, waren nicht allein das Besondere, sondern auch die Verästelungen, die sich teilweise geringelt mit kleinen zarten Blättern so breit ausdehnten, dass die eingeringelten Enden dieses bizarren Blattwerks bei einigen Stellen herunterhingen. Und wenn dieser Strauch anfing auszutreiben, hatten auch diese kleinen weißen, ja geradezu leuchtenden Blüten etwas Sonderbares. Sie sprossen erst, als das Frühjahr schon zur Neige ging und der Sommer vor der Tür stand. Außerdem wuchsen diese kleinen Blüten nur an einzelnen Stellen hervor. Ihr Duft war ebenso merkwürdig – weder süßlich noch herb, jedoch irgendwie erfrischend.

Aber nicht für alle Menschen dieses kleinen Städtchens wirkte diese Pflanze erquickend. Manche Leute mieden diese Stelle des sonderbaren Strauches sogar. Sie wussten nicht warum, aber es behagte ihnen nun mal nicht, sich unterhalb des breitmassigen Blattwerkes oder sich neben diesem niederzulassen. Andere wiederum fanden sich gerne unter seinen weit verzweigten geringelten Ästen ein. Überhaupt war er zu einem allbekannten Treffpunkt geworden.

Einmal saß unweit von ihm ein junges Pärchen mit angezogenen Beinen im Gras, und gerade als sich der junge Mann auf den Boden ausstrecken wollte, fragte er: "Sag mal, müssen wir uns immer hier treffen?"

"Was hast du jetzt wieder? Immer hast du etwas auszusetzen", entgegnete seine Freundin etwas ärgerlich.

Der junge Mann ging wieder in die Stellung des Schneidersitzes zurück: "Ich hab doch nichts auszusetzen, wenn es mir hier nun mal nicht so recht behagt. Ich weiß nicht warum. Aber jedes Mal, wenn wir hier sind – da hab ich immer ein komisches Gefühl."

"Also das eine muss ich dir schon mal sagen, mit deiner Empfindlichkeit gehst du mir ziemlich auf den Geist."

Gleich umarmte er seine Angebetete versöhnlich. Doch sie wies ihn schroff zurück: "Letztes Mal warst du auch so komisch, und dieses ewige tief Hineindenken in allen Dingen – furchtbar!"

"Mein Gott! Ich mache mir eben viele Gedanken! Und ich frage mich auch, warum mir dieses Plätzchen nicht behagt."

"Ich würde mich an deiner Stelle fragen, warum du oft so wehleidig bist."

"Bin ich denn wehleidig, wenn ich mir Gedanken mache?"

"Ach! Ihr Männer seid alle wehleidig. Entsetzlich ist das. Ich wollte jetzt mit dir hier in aller Ruhe sitzen. Aber du –?" Daraufhin wurden ihre Augen etwas feucht, und traurig konnte sie sehr schnell werden, wenn sie wollte. Mit weinerlicher Stimme sagte sie: "Ich geh jetzt." Und schon stand sie auf.

"Aber mein Häschen, was ist denn los?"

Sie fing zu heulen an: "Du liebst mich ja gar nicht ..."

Aber solche Geschehnisse gab es nicht bei allen, die sich hier niederließen.

2. Kapitel

Nun, wie es allzu natürlich ist, dass der Mensch gerne erforschen will, was es zu erforschen gibt, fanden sich manchmal einige Botaniker und Chemiker zur Untersuchung des sonderbaren Strauches ein, obwohl diese merkwürdige Pflanze eigentlich die üblichen Lebensfunktionen eines Gewächses aufwies. Aber nicht für Fachleute! Da gab es viele Fragen, etwa warum keine Nachzucht möglich war. Wie war dieses Gewächs innerhalb der Botanik einzuordnen? Und es gab Fragen über Fragen, die sich auch weit in umliegende Länder herumgesprochen hatten, so dass auch von weither Fachleute angereist kamen, um der vielen Rätsel Lösungen zu finden.

Ein bedeutender Chemiker einer großen Stadt im benachbarten Land kam angereist und untersuchte und untersuchte. Er sagte: "Seit ich hier bin – es ist merkwürdig. Heute fühle ich mich so niedergeschlagen, dass ich bald nach Hause gehe."

"Mir geht es ähnlich so", erwiderte ein Botaniker, der gerade dabei war, Proben zu untersuchen. "Übrigens, wissen Sie schon, dass jener, der taxonomische Forschungen betreibt, in letzter Zeit unwahrscheinliche Magenschmerzen bekam?"

"Vielleicht ist irgendeine komische Grippewelle in Anzug", bekam er zur Antwort. "Jedenfalls werden wir morgen gleich in der Früh anfangen, die Wurzeln einmal eindringlicher zu untersuchen." Doch kaum als er dies ausgesprochen hatte, griff er nach seinem schmerzenden Herz.

"Um Gottes willen! Was haben Sie denn?", wurde er gleich gefragt.

"Ach was. So einen merkwürdigen Stich fühlte ich in meinem Herzen. Ist schon wieder gut."

Alle, die wegen des sonderbaren Strauches hierherkamen, um ihn zu untersuchen, litten danach entweder an kaum zu überwindender Müdigkeit oder an anderen Schmerzen. Woran lag dies? Und wenn sie andere Gewächse untersuchten, ob im Sommer oder zu anderen Jahreszeiten – alles verlief normal, niemand wurde krank. Jedoch keinem von ihnen kam je in den Sinn, warum es ihnen ausgerechnet bei den Untersuchungen des sonderbaren Strauches schlecht erging, und bei den üblichen Gewächsen eben nicht. Vielleicht lag dies daran, dass sie zu sehr in ihre Materie vertieft waren, als hätten sie je über so einen Unterschied nachgedacht. Für sie als Botaniker, Chemiker oder wie auch immer lief vieles routiniert ab. Das war schließlich ihr Beruf. Und was man gewöhnt ist – wie sollte man einer anderen Sicht Beachtung schenken?

Dennoch, was hatte es nur mit diesem Strauch auf sich? Denn wie die Jahreszeiten auch wechselten, so hatte auch dieser sonderbare Strauch im Herbst seine Blätter verloren und im späten Frühjahr sein erneutes Austreiben an den Enden mit kleinen Einringelungen gezeigt. Alles verlief in üblicher Weise wie bei anderen Pflanzen auch. Selbst wenn für all diese Fachleute, die sich mit ihm befassten, einiges an ihm merkwürdig erschien, so war er doch ein Strauch wie jeder andere. Ein Strauch ist nun mal ein Strauch, weiter nichts. Oder war da etwas, das neben diesem Strauch unterirdisch von der Erde verdeckt war, wovon irgendwie komische Ausstrahlungen kamen?

Was für Fragen –? Immerhin lebte man in einer Zeit, wo man materiell realistisch eingestellt war; und wer so etwas nicht wollte, gehörte zur Allgemeinheit gar nicht dazu. Aber das war es nicht alleine, denn durch den fortgeschrittenen technischen Perfektionismus wollten nicht gerade wenige ebenso vollkommen sein, und so wurde das Menschliche, das allzu Menschliche mehr und mehr verdrängt. Anstatt dessen galt es, um alles in der Welt verstandesmäßig vorzugehen! Gefühle – die hatten dabei nichts mehr verloren! Der Verstand, der allzu sehr vermeintlich geglaubte Verstand trat jetzt in den Vordergrund, und oft mit so viel Erhabenheit und Vorsichtigkeit, dass sich dabei manch einer im Wege stand. Aber das hatte nichts zu sagen, denn Ausreden fand man immer – man schwieg; konnte doch ein schweigendes Verhalten einem Gegenüber andeuten, dass man mit vielerlei Kenntnissen drüberstand.

So einfach war das immer. Doch unter den vielen, die bei dem sonderbaren Strauch vorbeigingen und einmal nicht in argwöhnischen Gedanken verwickelt waren, indem sie die umgebende Natur nicht beachtet hätten, sondern sie gerne aufnahmen, so blieben vor allem jene Passanten davor stehen, die so etwas Besonderes noch nicht gesehen hatten. Sie bewunderten diesen sonderbaren Strauch. Doch dass davon magische Kräfte ausgingen, oder von seiner näheren Umgebung — wie sollten sie, gleich gar noch in ihrem Befinden allem drüber zu stehen, so etwas erahnen, ja, erahnen wollen?

Die Leute lebten nun mal in einer Epoche, wo die Sinnesorgane nicht so gestimmt waren, dass kontemplatives Empfinden erklingen könnte. So etwas kam den Leuten ganz und gar nicht in den Sinn. Andere Töne wurden angeschlagen, denn oft hörte man sie sagen *Wissen Sie, ich bin Realist* oder *Das muss man realistisch sehen.*

Jedoch wer glaubt, dass sie wirklich realistisch dachten, hat sich geirrt! Denn was sie als realistisch erachteten — geschweige davon dass sie vom Realismus mit all den philosophischen Richtungen dabei meistens nichts wussten — lag vielmehr darin, dass sie lediglich im Maroden, im Destruktiven, im Desolaten, im Schlechten ... das Realistische erblicken wollten.

Einmal, es war an einem Wochenende eines Sommertages, kamen Eltern mit ihrem Sohn, der in der folgenden Woche eine Lehrstelle antreten sollte. Er war seinen Eltern vorausgeeilt, um bei einer Brücke, die sich über einen kleinen Fluss erstreckte, das vorbeiziehende Gewässer zu betrachten. Und als er sich über das Brückengeländer beugte und senkrecht herunterblickte, erfreute er sich an der optischen Täuschung, welche den Eindruck hinterließ, dass sich nicht der Fluss unter der Brücke durch bewegte, sondern die Brücke mit ihm über das Gewässer streichen würde.

Seine Mutter sagte zu seinem Vater: "Er ist nun mal ein Träumer. Was will man da machen."

"Das wird ihm jetzt schon ausgetrieben werden", entgegnete der Vater. "Lass ihn nur die neue Stelle antreten, denn sein künftiger Chef ist ja ein ausgesprochener Realist, der es ihm schon beibringt, was geträumt wird."

Als sie in seine Nähe kamen, sagte die Mutter: "Du siehst den Fluss an, als ob du noch nie einen Fluss gesehen hättest."

Ihr Sohn darauf antwortete etwas schüchtern und bedacht: "Ich sehe nicht nur einen Fluss."

Während sie wieder gemeinsam weitergingen, sah man es ihrem Sohn leicht an, wie er sich mit seinen hellwachen Augen an all dem erfreute, was er in der Natur erblickte. Voller Besonnenheit sagte er für sich, dass man es kaum vernahm: "Die Natur ist wirklich voller Schönheit –."

"Du immer mit deiner Schönheit", entgegnete der Vater unverständlich.

"Aber Papa, wie kann ich mich liebevoll an etwas hingeben, wenn ich nicht in Schönheiten denke?" Und während er die Wipfel der Bäume erblickte, erstaunte er sich: "Durch alle Bäume, durch alle Pflanzen, durch alle Natur zeigt sich Gott."

"Und im Religionsunterricht hattest du eine Fünf bekommen", kam's von seinem Vater vorwurfsvoll. "Wie soll denn das zusammenpassen?!"

"Religion und Gott sind zweierlei Dinge", sagte der Sohn zaghaft.

Seine Mutter daraufhin meinte mit ernster Miene: "Du musst endlich mal lernen, realistisch zu denken!"

"Aber Mama, das ist Realität, dass Bäume nicht nur Bäume sind, Sträucher nicht nur Sträucher. Ja, selbst hinter einem Grashalm verbergen sich Wunder der Schöpfung."

"Du guckst und guckst immer nur, als ob du die Welt zum ersten Mal siehst", sagte sein Vater schroff.

Mit der pantheistischen Anschauung, wie überhaupt mit der Kontemplation des Jungen konnten seine Eltern nichts anfangen. Sie waren Geschäftsleute, und lebten schließlich in einer anderen Welt als in so einer, wie sich sein Vater einmal ausdrückte, wo man Spintisierereien nachjagt.

Zu dem sonderbaren Strauch kamen auch manchmal Liebespaare; und da vereinzelte Äste weit über der Abzäunung hinweg etwas herunterhingen, versuchten sie, und dazu musste man entweder von großer Gestalt sein oder etwas hoch hüpfen, so einen kleinen Zweig abbrechen zu können; denn so etwas Schönes – so meinten sie – fände man nicht alle Tage. Natürlich taten sie das wegen des Naturschutzes ganz vorsichtig, damit es niemand sah. Doch danach verlief das weitere Leben dieser Leute ganz anders als sonst. Entweder es kam ein großes Glück auf sie zu oder aber auch ein Unglück.

Einmal, und es war schon spät abends, als die Dunkelheit mehr und mehr hereinbrach, kam ein Junge, der sich an diesen Strauch heranschlich. Immer wieder sah er sich um; geradeso wie ein Dieb, der von niemandem gesehen werden wollte. Und so wie ihm der sonderbare Strauch immer sehr gefiel, hüpfte er hoch, und schon hatte er einen Zweig in der Hand. Doch da dieser gerade nicht sehr klein ausgefallen war, hatte er viel Mühe, diesen endlich abreißen zu können. Aber auf einmal, was war das? Ein griesgrämiger alter Mann stand plötzlich vor ihm: "Hat man so was schon gesehen! Du Lümmel! Was machst du denn da?! Du weißt genau, dass man das nicht tun darf!"

Der Junge, zitternd vor Nervosität, sperrte seine angstvollen Augen auf und lief davon, so schnell er nur konnte.

Das – so dachte er – ist das richtige Geschenk für sie. Er meinte damit seine Freundin, die ihn immer finanziell unterstützte, denn etwas für sie zu kaufen – dazu hatte er kaum Geld.

Am nächsten Tag wollte er zu seiner Geliebten, um ihren Geburtstag damit zu würdigen. Sie jedoch, ihn nur als Lustobjekt empfindend, bemerkte dadurch nie so recht seine Liebe; was allerdings der Junge in seiner leichtlebigen Art nicht erahnte. Außerdem lag in letzter Zeit eine dicke Luft über dieser Beziehung. Und er hatte große Angst, dass er seine so lieb gewonnene Freundin verlieren könnte. Deshalb stand er auch am nächsten Tag ziemlich unsicher vor ihr, als sie die Tür geöffnet hatte. Wie ein halb verzweifeltes Kind übergab er diesen Zweig mit vielen guten Worten zu ihrem Geburtstag.

"Was willst du denn damit?!", kam's von ihr ganz vorwurfsvoll. "Es wäre besser, du kämest den Pflichten der Liebe nach! Was soll ich im Bett mit so einem Schlappschwanz! Hau ab!" Gleich darauf warf sie ihm den Zweig vor die Füße, und als die Haustür zuflog, machte es einen Knall wie nie zuvor.

Nach einem Jahr fand dieser Junge eine Freundin, die ihm später zu einer großartigen Lebenspartnerin wurde. Jedoch seine frühere Freundin, wie sie sich auch abmühte – sie fand nimmermehr ein Glück. Alles in ihrem Leben verlief schief.

Doch wenn der sonderbare Strauch wirklich ein höheres Leben in sich getragen hätte als die anderen Pflanzen, ja, sogar strafen zu können, warum hat er jene nicht verurteilt, die Äste von ihm entrissen? Schließlich musste so etwas einer Pflanze doch ziemlich geschmerzt haben. Außerdem gibt es in Ländern, wo Giraffen leben, solche Gewächse, die bei zu vielem Abbeißen ihrer Blätter ein Gift entwickeln, damit diese großen Tiere davon ablassen, sie zu fressen.

Beim sonderbaren Strauch war es geradezu umgekehrt, was aus dem folgenden Ereignis ebenso hervorging: Während eines eiskalten Wintertages sah man unter seinen taubenetzten Ästen Kinder spielen, die vor lauter Übermut hochsprangen und überhängende Äste davon abrissen, um sich mit diesen gegenseitig zu hänseln. Aber ihr fröhliches Zusammensein fand bald ein Ende, kam doch ein junger Mann des Weges. Er sah sehr streng aus mit seinem ernsten Gesicht; und gleich gar wenn es darum ging, Recht und Ordnung zu schaffen, war er zur Stelle.

Entschlossen ging er diese zwei Spielkameraden an. "Wo habt ihr diese Zweige her?!" Und als er einen Zweig der beiden erhaschte, betrachtete er diesen näher und sagte zunächst verhalten: "Der muss erst kürzlich abgerissen worden sein." Doch gleich fuhr er auf: "Der ist noch ganz frisch!" Sofort packte er einen von den beiden und hielt ihn grob am Arm fest. "Sag schon, wo habt ihr die abgerissen?! Ihr wisst genau, dass man das nicht darf!"

Doch das Kind schaute ihn nur verdattert an. Es fand keine rechten Worte. "Na sag schon!" kam's ganz zornig von dem jungen Mann, und schon knallte eine Ohrfeige. Doch als das andere Kind, der Spielkamerad, zurief: "Wir holten uns die Zweige von dort!", worauf er auf den sonderbaren Strauch wies, ließ der junge Mann den Kleinen los, um auf den anderen loszugehen. Umsonst. Die Kinder, schneller als er, liefen rasch davon.

Nach ein paar Monaten wurden die Kinder ganz enge Freunde, und auch im Laufe der Zeit waren sie in ihrer Freundschaft so verfestigt, wie dies nur selten der Fall sein konnte. Der junge Mann hingegen, der sie so schreckhaft anging, verlor seine Freundin und kam in eine trostlose Einsamkeit.

Einsamkeit fühlte auch ein alter Mann, dem sein Sohn verstorben war. Immerzu musste er an ihn denken, wurde ihm doch gerade durch diesen Verlust erst deutlich, was für ein großartiger Mensch dieser war.

Bei den ersten warmen Tagen, als sich das Frühjahr dem Sommer zuneigte, mochte er es gerne, in diesem großen Park spazieren zu gehen. Jedoch als er bei diesem sonderbaren Strauch ankam, war es ihm danach, etwas zu rasten. Während er sich ins Gras setzte, brütete er vor sich hin. Dabei sah er unwillkürlich auf den sonderbaren Strauch. Und beim Anblick der zarten leuchtenden Blüten hörte er geradezu seinen Sohn: Kleine Blüten, Vater! Die sind viel schöner als Blumen.

Er dachte: Ja, da muss ich wohl am Grab mal wieder etwas mit viel Blüten einpflanzen. Und bald darauf, als er wieder weiterziehen wollte, ging er erst mal entschlossen auf diesen Strauch zu, um davon einen kleinen geringelten Ast mit diesen schönen weißen Blüten zu erheischen. Am selben Tag noch pflanzte er diesen kleinen Zweig in die Erde des Grabes ein. Vielleicht, so hoffte er, schlägt er Wurzeln.

Nach drei Monaten schon kamen wundersame Blüten auf dem Grab hervor, die jedoch jenen des sonderbaren Strauches nicht ähnelten; aber sie waren sehr feingliedrig und leuchteten in zarten violetten Farben.

Dieser alte Mann, dieser allein gelassene Vater konnte sich das nicht erklären. Vielleicht, so dachte er, lag es daran, weil mein Sohn so lieb war und ich ihn oft nicht verstand.

Jahr für Jahr – ständig ereigneten sich merkwürdige Vorfälle. Denn sobald jemand mit dem sonderbaren Strauch in Berührung kam, traf ihn danach ein besonderes Schicksal. Oder hing alles so zusammen, dass diese merkwürdigen Ereignisse gar nicht auf diesen speziellen Strauch zurückführbar sein konnten, weil vielleicht doch eine besondere Ausstrahlung neben ihm, tief in der Erde eingegraben wirkte?

Jedenfalls, wie auch immer, niemandem kam nicht mal im Leisesten der Verdacht, dass bei dieser Stelle des sonderbaren Strauchs merkwürdige Kräfte wirken konnten.

In diesem kleinen Städtchen war auch ein Professor, ein sehr strenger ernst dreinblickender Mann. Er war Physiker, was aber mit seiner Wesenart nichts zu tun hatte. Oft schaute er so grimmig drein, dass ihm selbst ein herzhaftes Auflachen nicht im Geringsten anstehen konnte. Von seiner äußeren Erscheinung war er etwas hager und sah auch ungepflegt aus, ebenso seine Frisur – nicht selten zerzaust. Er hatte einmal ein Buch geschrieben, womit er rigoros einen radikalen Materialismus vertrat, der jegliche Art von Idealismus strikt ablehnte. Überhaupt, idealistische Gesinnungen verwarf er so sehr, dass er darin lediglich Halluzinationen erahnen wollte.

Nicht zuletzt meinte er durch seinen radikalen Materialismus, dass selbst die Liebe nur auf Einbildungen zurückzuführen sei, und sogar, dass diese den Menschen nur kaputtmachen würde. Und wer schon würde einem Professor, einem so hoch gebildeten Mann nicht Gehör schenken –.

Einmal, als er in dem Stadtpark spazieren ging , ließ er sich auf einer Sitzbank nieder und las Zeitung. Ein Bericht darin handelte auch über sein Buch. Doch kaum als er diesen gelesen hatte, legte er die Zeitung kopfschüttelnd beiseite.

Nach einer Weile kam ein Herr, den er schon seit langem kannte, aber zu diesem wie auch zu anderen Zeitgenossen kaum Verbindungen pflegte. Nein, als er diesen Herrn erblickte, dachte er lediglich: Der schon wieder.

"Herr Professor Ibinndo! Schön, Sie anzutreffen. Guten Tag!" Und dabei betonte dieser Herr den Anfangsbuchstaben des Namens, was dem Professor sehr missfiel. Denn nach einem kurz gesprochenen Guten Tag sagte er grimmig: "Wenn man mich schon beim Namen nennt, so erbitte ich mir, dass man diesen auch richtig ausspricht. Meine Vorfahren waren Italiener, und deshalb wird das 'N' in meinem Namen betont und lang gesprochen."

"Aber ja doch! Entschuldigen Sie bitte vielmals! Herr Professor Ibinndo! Darf ich mich denn ein bisschen zu Ihnen setzen?" Der Professor willigte distanziert mit einem Kopfnicken ein. Beide, sowohl der Professor als auch jener Herr, der neben ihm Platz nahm, waren schon in ziemlich fortgeschrittenem Alter.

"Heute ist ja so ein schöner Tag", meinte der Herr neben ihm erfreut. "Das muss man ausnützen."

"Für mich nicht", sagte der Professor ganz kurz mit grimmiger Miene.

"Warum nicht?"

"Weil die Leute mein Buch völlig verkennen."

"Ach ja, Ihr Buch. Ich hab's gelesen. Unwahrscheinlich interessant, was Sie da geschrieben haben", gab er vor. Und fügte schmeichelnd hinzu: "Vor allem die Formulierungen – einfach großartig!"

"Es geht nicht um Formulierungen, sondern darum dass ich ein Erneuerer der Gesellschaft bin! Und wenn die Leute das nicht sehen, so zeigt dies wieder einmal, dass sie nichts davon verstehen, wie die traditionelle Philosophie längst schon durch neuere Wissenschaftsorientierungen abgelöst wurde", erwiderte Ibinndo schroff.

"Ja, ja, das ist furchtbar", erwiderte dieser Herr gedankenlos, und mit gespielter Freundlichkeit fügte er hinzu: "Dass die Leute kein Einsehen haben –. Das versteh ich nicht."

"Was reden Sie da?! Das hört sich geradeso an, als ob man mit mir Nachsicht haben sollte. In meinen Werken sollten die Leute ein Einsehen haben – das allerdings! Meine Werke stehen zu einer Erhellung des Menschheitsbewusstseins. Auf die Erweiterung des Wissens kommt es an!"

Jedoch der Herr neben ihm sagte kleinlaut vor sich hin: "Sokrates sagt: Ich weiß, dass ich nichts weiß."

Darüber grinste der Professor überheblich: "Sie bleiben eben auch noch an diesem überlieferten Zeug hängen wie die Allgemeinheit! Hatte Sokrates nicht gewusst, wie man einen Garten zu bestellen hat? Und wenn er wirklich nichts gewusst hatte, wie war es möglich, dass er reden konnte? Hatte er nicht gewusst, wo die Agora lag, um junge Leute mit seinen dämlichen Fragen zu irritieren?"

"Aber das alles trug doch in sich einen tiefen Sinn. Und Philosophie geht in erster Linie auf das Fragen hinaus. Außerdem – sein weiser Satz war doch ganz anders gemeint."

"Anders gemeint", wiederholte der Professor abschätzend. "Eine Meinung kann nie objektiv sein! Jede Aussage, jeder Aphorismus ist falsifizierbar."

"Und den Satz, den Sie eben sagten – auch falsifizierbar?"

"Was reden Sie da? Der Satz, welchen ich zuletzt sagte, basiert auf der Verifikation von Falsifizierbarem, was empirisch im positivistischen Hinblick – eben nicht –." Er verlor den Faden. "Sie bringen mich ganz durcheinander!"

"Um Gottes willen! Das will ich nicht! Möchte ich mich doch an Ihren Ausführungen laben – ja, laben", erwiderte dieser Herr leicht gesprochen und blickte gedankenverloren in die Ferne.

Der Professor sah ihn mit grimmig durchforschender Miene an und wiederholte: "Laben." Dann blickte er ruckartig vor sich hin. Erneut sah er den Herrn ziemlich mürrisch an. Wieder blickte er ruckartig vor sich hin. Jedoch nach einer Weile, da er all das, was er in seinem Hirn herumtrug, nun mal für großartig hielt, konnte er es nicht sein lassen, von sich zu geben, was ihm nun mal wichtig erschien: "All diese überlieferten Dinge, wie überhaupt Geschichts-schreibung ist völlig nutzlos, weil die Menschheit ohnehin nie aus der Geschichte lernt! Und wenn sie daraus lernt, so ist es ihr unsinniger Hang zur Romantik im mystischen Aufbegehren von Nachtschwärmerei, Naturbegeisterung und bittersüßer Todessehn-sucht."

"Romantik, wenn man von jener Epoche absieht, in der sie zum ersten Mal proklamiert wurde, hat mehr mit Empfindungen zu tun, und diese, wenn Sie mir erlauben, sind nicht erlernbar."

"Das sagte ich doch – nur mit anderen Worten! Es geht um das Erfassen der Wirklichkeit, nicht um das Empfinden derselben! Wir leben heute in einer realistischen Zeit! Der Materialismus, unter anderem auch auf mechanistischem Wirklichkeitsdenken fundiert, ist entscheidend!"

"In gewisser Weise gehört aber der Idealismus auch zur Realität, wenn ich das so einflechten darf; geradeso wie Liebe, Hoffnung und Glaube das Leben bestimmen. Und jeder Mensch hat doch seine ideellen Vorstellungen, ob diese verwirklicht werden können oder nicht", sagte der Herr, indem er nachdenklich auf den Boden blick-te.

Diesen Worten konnte der Professor lediglich ein überhebliches Lächeln abgewinnen: "Und wo führen diese krankhaften Vorstel-lungen nach so viel Firlefanz hin? Na, wo? Da bleibt Ihnen wohl die Spucke weg, nicht wahr?!"

Der Herr neben ihm sah ihn mit hochgehobenen Augenbrauen eindringlich an: "Zum Heil, zu nichts anderem als zum Heil! Zum Heil, durch viele Wunder, die wir nicht erfassen können."

Professor Ibinndo grinste überheblich: "Sind Sie aus einem Wun-der entstanden oder durch Mutter und Vater?"

"In erster Linie durch ein Wunder!", bekräftigte der Herr neben ihm.

"All diese Zaubervorstellungen, an denen der Mensch mit seiner Blindheit haftet, werden bald durch weitere Forschungen der Wis-senschaft entzaubert werden. Es gibt keine Wunder!"

"Liebe, Hoffnung und Glaube – dahinter stecken viele Wunder!"

Der Professor mit leichtem Kopfschütteln erwiderte überlegen: "Ha! Ist ja nicht zu fassen!" Dann fuhr er mit bewegter Stimme fort: "Sehen Sie denn nicht, wie gerade durch ansteigende Vermassungen realistisches Denken vordergründig wird?! Wenn die Menschheit weiterhin verträumt und realitätsfremd bleibt, so wird sie das noch teuer zu stehen kommen!"

Der Herr neben ihm sah unberührt darüber weiterhin auf den Boden und sagte kleinlaut: "Also mit meiner Frau ist das auch furchtbar. Jetzt war sie erst vor drei Wochen beim Friseur, und gestern wieder. Das wird auch sehr teuer ..." Gleich wurde er unterbrochen: "Habe ich jetzt von Ihrer Frau gesprochen?!"

"Das nicht. Aber da für Sie Beziehungen offensichtlich auch nur materialistisch realitätsbezogen sind, habe ich für das, was uns teuer zu stehen kommen wird, als Beispiel meine Frau angeführt; und sie ist ja auch real vorhanden." Dann fügte er kaum hörbar hinzu: "Manchmal zu real."

"Sie hören mir ja gar nicht zu!"

"Doch, Sie fragten mich, ob ich von meiner Frau gesprochen hatte."

"Aber das doch nicht! Nein, was ich vorher sagte!"

"Vorher haben Sie über die Menschheit gesprochen, dass sie realitätsfremd ist", erwiderte der Herr, während er auf den Boden blickte und nach einer Weile Professor Ibinndo ansah: "Die menschliche Wärme ist entscheidend, die Geborgenheit, ja, die Liebe. Die Liebe ist am wichtigsten!"

Der Professor sah ihn groß an: "Also erlauben Sie mal. In ihrem Alter — !"

Daraufhin sah ihn dieser so Angesprochene ganz aufgebracht an und entgegnete mit fester Stimme: "Die Liebe, an welche ich denke, hat nichts mit dem zu tun, was Sie als Realität nur begreifen!"

"Über die Liebe bin ich längst hinweg."

"Wer über die Liebe hinweg ist, ist über das Leben hinweg!"

"Geborgenheit übrigens", so meinte der Professor erhaben, "geht nur auf ein Geschäft hinaus: Geb ich dir, so gibst du mir. Alles: Geschäft! Alles — Geschäft!"

Der Herr neben ihm wollte nichts mehr von sich geben. Ebenso hielt sich der Professor in Schweigen.

Nach einer Weile sah man eine Frau mit zwei Hunden herankommen. "Mein Gott!", rief sie den Hunden zu. "Wie ihr nur wieder miteinander scherzen könnt!"

Der Professor brummte vor sich hin: "Wie man nur *Mein Gott* sagen kann. *Gott*, auch so ein geschaffener Zauber der Menschen."

Begeistert blickte die Frau auf das Treiben der Hunde: "Ja, ja, Liebe ist was Schönes", meinte sie beiläufig.

Der Professor hingegen konnte sich nicht halten. Er rief dieser Frau zu: "Das hat nichts mit Liebe zu tun. Liebe ist Quatsch! Das ist der sexuelle Trieb der Tiere. Sex ist Realität, nicht Liebe!"

Die Frau sah ihn ganz entgeistert an: "Sagen Sie mal, was sind denn Sie für einer?"

"Was ich für einer bin, das ist viel zu hoch für Sie! Hauen Sie endlich ab mit Ihren Kötern! Die machen hier mit ihren Exkrementen nur alles voll!"

Aufgebracht ging diese Frau auf den Professor zu: "Mein Herr! Ich habe das gleiche Recht, hier zu sein, geradeso wie Sie es haben, auf der Bank zu sitzen!"

Und der Herr neben dem Professor sah diesen gelassen an: "Jetzt haben Sie's."

"Was soll ich denn haben? Kommen Sie mir auch noch dumm?!"

Der Herr schwieg, doch der Professor wurde immer nervöser, und so sehr, dass er kurz entschlossen aufstand, um dieser für ihn so peinlichen Situation zu entfliehen; ohne sich noch zu verabschieden. Die Frau mit den Hunden rief ihm noch nach: "Sie haben großes Glück, dass ich die Hunde nicht auf Sie hetze!"

Jedoch der Professor, ohne sich umzudrehen, winkte mit einem Arm stark ablehnend ab und brummte vor sich hin: "Lauter Idioten! Nur Idioten!" Und er dachte: Gerade der Alte – verbraucht und dumm geblieben; nichts zu wissen davon, dass die Analytische Philosophie längst ihren Einzug hatte. Dass ich mich mit so einem Idioten überhaupt einließ – .

Als er bei dem sonderbaren Strauch vorbeikam, blickte er auf die Tafel, die darunter angebracht war. Natürlich konnte er durch seine Lateinkenntnisse verstehen, was da geschrieben stand. Und er dachte: Selbst dazu sind sie zu dumm, herauszufinden, was das für eine Spezies ist. Die Wissenschaft steht eben bei vielen Dingen noch weit hintenan, als dass sie jetzt schon alles erfassen könnte. Aber das kommt noch! Dann hören die Leute endlich auf, von Wundern und so einem Quatsch zu sprechen. Dazu murmelte er vor sich hin: "Wie man nur so realitätsfremd sein kann –." Nicht zuletzt dachte er an Dr. Zukotzen, sodass er zu sich sagte: Interessant wäre, was dieser wohl dazu sagen würde. Ja, dieser Zukotzen hat schon recht, wenn er durch seine Forschungen so bemerkenswert niederlegte, dass der menschliche Körper unvollkommen ist, so wie überhaupt in der Natur nur Unvollkommenheiten vorfindbar sind. Aber stattdessen schwärmt jeder von der Natur. Wieder murmelte er vor sich hin: "Wie man nur so realitätsfremd sein kann –." Erneut war er von Unvollkommenheiten überzeugt, sodass er nochmals murmelte: "Diese Realitätsfremdheit der Menschen! – Furchtbar, entsetzlich! – Diese Realitätsfremdheit!"

3. Kapitel

Die Herbsttage waren sehr kalt geworden, und auch das Nieseln wollte nicht aufhören, sodass man gerne in der warmen Stube blieb oder ein Lokal besuchte. Der Professor ließ sich in einer der Universität nahe gelegenen großen Cafeteria nieder. Gerade noch fand er einen Sitzplatz. Neben ihm saß ein Professor der Kunstgeschichte, der, weil er sehr leutselig war, gerne mit anderen Leuten sprach. So redete er auch Professor Ibinndo an: "Na, das ist ja heute wieder kalt und ungemütlich – was?!"

Ibinndo nickte nur leicht und wie immer mit einem grimmigen Gesicht. Außerdem würde er in der Öffentlichkeit nie jemand ansprechen. Nein, er ließ sich ansprechen – ! Dennoch kamen beide in ein Gespräch. Und nachdem sie über Allgemeines gesprochen hatten, kamen sie gleich auf ein anderes Thema, wobei der Professor der Kunstgeschichte meinte: "Aber mein Herr, Sie können doch die traditionelle Philosophie wegen neuer Wissenschaftsorientierungen nicht so ohne Weiteres unter den Tisch kehren, als hätten weltanschauliche Fragen nichts mehr zu suchen."

Ibinndo, wie immer mit überheblichem Grinsen, erwiderte: "Sehen Sie, allein wenn Sie von Weltanschauungen sprechen – wie soll so etwas noch bedeutungsvoll sein, wenn dieser metaphysische Kram endlich entzaubert sein wird?"

"Entzaubert?!", fragte mit Nachdruck der Kunstprofessor entsetzt, indem er sich in zurückgesetzter Körperhaltung mit einer Hand am Tisch abstützte: "Wollen Sie all das, was den Menschen zum Leben antreibt, mit seinem Aufbegehren und allen Sehnsüchten über Bord werfen? Wo bleibt die Kreativität, wenn das Erstaunen, das Ergreifende ausbleibt? Ist durch vergangene Jahrzehnte hindurch nicht schon längst bewiesen, wie durch Abkehr von Beschauung und ideeller Wertvorstellungen die Welt bereits auseinandergeborsten ist?"

"Ha! Durch idealistische Träumereien birst sie auseinander. Bei der gegenwärtigen Welt mit einer notgedrungen materialistischen, rationalistischen Einstellung geht es um einen Überlebenskampf. Und dieser kann nur insofern erfolgreich sein, wenn man sich darüber bewusst wird; sowohl pragmatisch als auch positivistisch!"

"Aber ich bitte Sie, sehen Sie sich doch mal jene Familien an, welche ihre Kinder so erziehen, dass diese dorthin kommen, wo sie sich um alles in der Welt nur durchsetzen wollen. Wo bleibt dabei ein Anspruch des sozialen Verhaltens zueinander? Findet die Asozialität nicht gerade hierin ihren Ursprung? Wie kann ein heranwachsender Mensch je das Gute erkennen und imstande sein, den Wert seines Lebens zu erkennen, wenn diesem – vor allem via Fernsehen und, ich möchte fast schon sagen: Medienmist – nur Asoziales und Miesmachendes vorgesetzt wird?"

"In jedem Menschen steckt ein Überlebenskampf; sei es darum, dass er im Beruf weiterkommen möchte, oder darum, dass er eine Krankheit überwinden will. Das ist vordergründig! Nicht vordergründig ist, aber dafür heimtückisch, wenn Heranwachsende den Lebenskampf negieren und in einen Firlefanz von Träumereien geraten, wobei sie dann gewalttätig werden können."

"Der Firlefanz, mein Herr, liegt in ganz was anderem! Denn kommt nicht gerade vom materialistischen Denken, vom Geschäftemachen mit Werbungen all möglicher Überreizungen, bis hin zur Filmindustrie, wo ein Film nach dem anderen sich durch überstiegene Gewaltszenerien mehr und mehr übertreffen will, das ganze Disaster –? Gerade dadurch wird doch ein Nährboden für die Jugendkriminalität geschaffen!"

"Was Sie daherreden, hängt mit den verdammten Emotionen zusammen, mit denen sich die Medien ein Spiel erlauben. Doch diesem Unsinn kann man sich durch rationales Bewusstsein entledigen; und wenn die Jugendlichen dazu noch nicht fähig sind, müssen die Eltern entsprechend harte Erziehungsmaßnamen ergreifen!"

"Aber ich bitte Sie! Sie können doch Beeinflussungen mit rationalistischen Mitteln samt aller Konkretisierungen nicht aus der Welt schaffen! Die Einwirkungen eines Zeitgeistes kommen unbemerkt auf jeden Einzelnen zu. Kein Mensch ist dagegen gewappnet!"

Ibinndo, darauf gar nicht eingehend, sagte mürrisch: "Sie verstehen mich nicht! Ich denke an eine Katharsis, die heutzutage Not tut – mehr denn je! Der Mensch ist noch zu sehr emotionsgeladen, als dass er zu höheren Sphären eines Vernunftwesens aufsteigen könnte."

Der Professor der Kunstgeschichte sah ihn mit leicht zugezwinkerten Augen äußerst zweifelnd an: "Also zum einen ist ein Mensch ohne Emotionen kein Mensch mehr, und zum anderen: Was ist Vernunft? Obwohl man glaubt, dieses Thema hinreichend erklärt zu haben, frage ich dennoch, was sie an sich ist. Außerdem: Katharsis durch rationales materialistisches Denken? Ja, und das Leben dabei? Das zerrinnt doch aus lauter Gier nach Macht und Geld zwischen den Fingern."

"Das zerrinnt nicht zwischen den Fingern, wenn der Mensch sich bewusst ist, dass er ständig in einer Gier existiert, von der er sich loslösen soll."

"Existiert – ?! Allerdings, wenn er sich so in einer Objektivation als mechanistisches Ding sieht, wird er kaum leben! Das Leben, und jegliches Leben besteht doch aus Verlangen. Selbst eine Pflanze trägt in sich das Verlangen nach Licht und Nährstoffen ..."

"Sehen Sie", unterbrach ihn Ibinndo mit grinsender Miene: "Darin liegt ein Beweis, dass das Leben wegen nie zu befriedigenden Verlangens nur Leid bedeutet. Alles, jegliches Aufbegehren oder jegliches Hingeben zu einer Sache – alles nur Leid, ein ständiges Leid. Viele erkennen dies nicht, weil sie aus verblendeten Schwärmereien, die durch primitive Emotionen hervortreten, die Wirklichkeit des Existierens nicht sehen wollen und somit auch nicht können, wenn Sie verstehen, was ich meine."

Diese Überheblichkeit Ibinndos mit einer äußerst unverbindlichen Art wurde dem Kunstprofessor doch etwas zu viel, sodass er mit diesem unbeugsamen Herrn ganz anders zu reden anfing: "Entschuldigen Sie bitte, aber wo haben Sie denn das aufgegabelt?"

Diese Frage jedoch verwirrte Ibinndo etwas, denn woher schon sollte gerade er bei seinem Wissen andere Erkenntnisse gleich gar noch aufgegabelt haben –. Und der Kunstprofessor fragte ihn erneut: "Das kennen Sie bestimmt vom Buddhismus, etwa nicht?"

Ibinndo murmelte: "Hm" und nickte leicht, ohne sein Gegenüber anzusehen.

"Waren Sie schon mal in einem Land, wo der Buddhismus ausgeführt wird?"

Ibinndo verneinte mit ruckartigem Kopfschütteln.

"In so ein Land, wo diese Gelbgekleideten praktizieren, müssen Sie mal hinfahren, um zu erfahren, mit was für einer Arroganz und Nonchalance sich diese Mönche Rechte herausnehmen."

"Entscheidend ist die Lehre!", murmelte Ibinndo mit allem Ernst. "Und dass der Mensch durch seine Begierden von illusorischen Vorstellungen abkommen muss, hat diese Lehre ihr Recht."

Der Professor sah ihn durchforschend an: "Wie immer es um einen Hinayana- oder Mahayana-Buddhismus bestellt sein mag und ob überhaupt dieser Siddharta Gautama recht hatte oder nicht – entscheidend, mein Herr, ist das Leben, welchem diese Gelbgekleideten nicht hold sein wollen. Und das Leben – wirklich nur Leid? Auch hierzulande, wenn ich mir zeitkritische Bücher vornehme – ein ständiges Beklagen, Bekritteln, nichts weiter. Übrig bleibt Miesmacherei. Überhaupt, mit dem Schlechtmachen haben es viele sehr schnell. Doch etwas für gut heißen, fällt nicht wenigen schwer."

"Sehen Sie, dahinter verbirgt sich dieses verworrene Leben, was nur auf ein sinnloses Streben hinausläuft; sinnlos in all den Vorstellungen, die sich der Mensch durch seinen verblendeten stumpfen Willen schafft."

"Jetzt scheint es, dass Sie bei Schopenhauer angelangt sind. Jedoch genauso gut kann man den Willen als eine treibende Kraft ansehen; nicht als stumpfsinnig oder leidvolle Begierde, sondern als Entfaltung. Eine Blume entfaltet sich durch geheimnisvolle Kräfte, und in ähnlicher Weise ist ihr Verwesungsvorgang eingeleitet."

"Ach! Geheimnis?! Die große Ausrede für die weltweit verbreitete Unwissenheit der Menschen! Das Erblühen einer Blume hat mit objektivierbaren Kräften zu tun, welche zu erfahren es einer positivistischen Sicht bedarf."

"Nein, einer besonnenen! Einer Sicht mit aller Beschauung! Denn in der Kontemplation, wobei das Auge von allen Neigungen, und wie auch immer, also von einem Ich-denke befreit ist, und nicht zuletzt auch von allem Wissen, liegt aller Grund. Denn durch die Befreiung des Ichs sind die Sinne – eben durch die Beschauung – voll geöffnet. Ich trete somit in ein Staunen, in ein unbegreifliches

Staunen, dem ich – natürlich durch die Befreiung des Ichs – nicht bewusst werden kann. Und der Welt mit so einer Sicht gegenübergestellt, erfahre ich sie in ungeheuerlicher Weise. So sagt Theresa von Avila ganz recht, dass zur Beschauung mehr Tapferkeit dazugehört, als das Blutzeugnis auf sich zu nehmen."

"Hirngespinste! Einbildungen, die zeigen, dass der Mensch die Welt nicht realistisch erfassen will, und durch dieses Ungenügen an Verstand in Märchengebilden zu träumen anfängt."

"Oho! Als Erstes sprach ich nicht von einer Märchenwelt, und wenn schon Märchen, so vergessen Sie wohl, dass diese von einer Wahrheit, die hinter der Wirklichkeit steckt, wesentlich deutlicher sprechen kann als ein Wiederkäuen von tatsächlich Erlebtem. Außerdem, ist das nur ein Traum, wenn wir Augen haben, durch welche wir die Schönheit der Natur genießen können? Ist es nicht großartig, all diese Farben in uns aufnehmen zu dürfen? Ich betone dabei: dürfen! Oder wenn wir nach einem langen Spaziergang an einem heißen Sommertag eine kalte Dusche nehmen. Ist das ein Leid? Nicht vielmehr eine erfreuliche Erfrischung?"

"Diese Dinge stellen nichts anderes als assoziative Befreiungen von Schmerzen dar. Im Übrigen, was sollen solche Nebensächlichkeiten?"

"Nein, ich denke, diese Nebensächlichkeiten sind für Sie Selbstverständlichkeiten; zu sehr sogar! Denn unsere Sinne – wie ist's uns denn, wenn nur ein Sinnesorgan ausfällt? Können wir darüber nicht glücklich sein, wenn unsere Sinne trotz fortgeschrittenen Alters intakt sind?"

"Was wollen Sie denn damit? Unsere Sinne sind durch Analysen verifizierbar."

"Gewiss doch! Für Sie sind Sinne nur eine analytische Sache. Doch dahinter steckt mehr! Denn wenn ich beispielsweise beim Anhören einer Musik, die ich liebe, und ich davon eine Gänsehaut bekomme, so ist das mehr, als Sie dies nur analysiert sehen wollen. Oder ist das ein Leiden, wenn mir beim Anhören schöner Klänge tief mitfühlend eine Träne quillt?"

"Sehen Sie", grinste Ibinndo überheblich. "Jetzt haben Sie's: die Träne; die leidvolle Träne, an welcher sich romantische Illusionen laben; ohne zu bemerken, dass dies bereits psychopathisch ist."

"Oh Gott! Sie können doch so etwas nicht als Psychose bezeichnen! Tränen gehören zum Leben! Gerade große Kunstwerke, ob im bildnerischen wie im musischen Bereich, basieren auf Tränen. Und, na ja – es soll natürlich auch Menschen geben, die aus dem Leben scheiden, ohne dass ihnen jemals eine sorgenvolle Träne wegen anderen floss. Solche Wesen, ich möchte sie nicht Menschen nennen, gehören wirklich ins Nirwana."

In dieser Cafeteria fanden sich auch Studenten ein, die lebhaft miteinander sprachen. Sie kamen auch über den Professor Ibinndo zu reden:

"Seht mal", sagte einer unter ihnen mit gedämpfter Stimme, dass man es nicht über Tische hinweg hören sollte, "da drüben, schaut mal, da sitzt er doch."

Als alle dies bemerkten, sagte einer unter ihnen: "Wegen seinem Namen kam mir übrigens ein Einfall."

"Und was?", wurde er gleich von einem unter der Runde gefragt.

"Sein Name Ibinndo ist doch eigentlich nichts anderes als eine Abkürzung für Ich-bin-doof."

Da lachte einer unter ihnen so hell auf, dass er sich aufs Knie schlug: "Genau! Da hast du den Nagel auf den Kopf getroffen! Doof ist er ja auch."

Als sie sich über diesen Scherz etwas beruhigten, meinte einer: "Wisst was – den nehmen wir hoch."

"Aber wie denn?", fragte ein anderer unter ihnen. Und schon handelten sie aus, welches Vorhaben wohl gelingen könnte. Sie kamen auf viele Möglichkeiten, wobei sie sich für eine ganz besondere entschieden. Endlich, als sie ihre Getränke bezahlten, standen sie auf und gingen auf den Professor zu. Einer von ihnen hatte nämlich zufällig einen kleinen Werbezettel über das Buch des Professors zur Hand. Auf diesen schrieben sie unter dem Namen ein Ist-gleich-Zeichen und darunter: Ich bin doof.

Da hielt der Kühnste unter ihnen diesen kleinen Zettel dem Professor hin: "Herr Professor, entschuldigen Sie bitte, wir hätten gerne ..." Gleich wurde er von einem seiner Freunde unterbrochen: "Ja! Ein Autogramm bitte!" – "Ja, ein Autogramm!", wiederholte ein anderer.

Ibinndo kam gar nicht so recht mit, was das zu bedeuten hatte, war er doch zusehends durch das Gespräch mit dem Kunstprofessor in Nervosität geraten. Andrerseits fühlte er sich durch das Verlangen nach einem Autogramm so geschmeichelt, dass er blindlings unter dieses Ich-bin-doof seinen Namenszug schrieb.

Noch während diese Studenten die Cafeteria verließen, gab es natürlich ein großes Gelächter unter ihnen. Sie hatten auch vor, diesen Zettel in die Bibliothek zu bringen, um ihn sogar noch rot umrandet auf dem Schwarzen Brett anzubringen.

Der Kunstprofessor sah Ibinndo mit nachdenklicher Miene an: "Wissen Sie eigentlich, warum diese Meute so lacht?"

"Na ja, sie freuen sich, ein Autogramm von mir erhalten zu haben."

"Ich glaube, Sie wurden eher ausgelacht. Denn haben Sie nicht bemerkt, dass unter Ihrem Namen *Ich-bin-doof* stand?"

"Was?! – Wieso – ?!"

"Ja, das haben Sie unterschrieben!"

Ibinndo kam immer noch nicht mit, was eigentlich geschehen war. Doch bald fiel er in seinen Stuhl zurück: "Das ist ja – das ist – eine Unverschämtheit! Eine Frechheit! Eine ungeheuerliche Frechheit! Die werde ich mir noch vornehmen! Wie sahen die eigentlich aus –? Die werde ich verklagen! Und wenn sie für mehrere Jahre im Gefängnis sitzen müssen – mir egal!"

"Zum einen werden sie nicht mehrere Jahre absitzen müssen und zum anderen wegen eines solchen Vorfalls nicht im Gefängnis landen. Dieser fatalen Lage können Sie nur so Herr werden, wenn Sie vor den Studenten über sich selbst lachen. So etwas wirkt! Glauben Sie mir. Denn ich kam auch einmal in eine fatale Situation, und als ich über mich selbst lachte – für manche wurde ich dadurch sogar zu einem Freund."

"Was?! Erlauben Sie mal! Was soll denn das sein, über was ich lachen soll?" Dann fügte er zornig hinzu: "Ich kann nichts sehen, was an mir lächerlich sein sollte!" Und meinte vor sich hin murmelnd: "Ist ja eine Unverschämtheit!" Sofort rief er nach jener Frau, die ihn bediente: "Hallo! Fräulein! Hallo! Ich möchte zahlen!"

Der Kunstprofessor lehnte sich zurück und sah Ibinndo mit verschränkten Armen etwas von oben herab an: "Sagen Sie mal, an was erfreuen Sie sich eigentlich?"

"Was soll diese Frage?!", erwiderte Ibinndo erbost und fuhr mit verkniffener Miene fort: "Ist ja unerhört! Was wollen Sie eigentlich?"

"Ich habe Sie ja nur nach etwas gefragt, mehr nicht."

4. Kapitel

Im Wandel der Zeit hatte sich nach einigen Jahren vieles in diesem Städtchen geändert. Auch breitete sich der Verkehr auf den Straßen mehr und mehr aus, sodass man an eine neue Hauptverkehrsader dachte. Die Stadtväter trafen sich zu mehreren Sitzungen und letztendlich kam man nicht umhin, diese Hauptstraße über den Stadtpark legen zu wollen. Natürlich stemmten sich nicht nur viele Bürger dagegen, ihren geliebten Stadtpark derartig verschandelt sehen zu müssen, sondern auch die Botaniker, denn ein Brückenpfeiler sollte an der Stelle, wo sich der sonderbare Strauch befand, erbaut werden. Dazu schlugen die Stadtväter vor, dass man diesen Strauch genauso gut versetzen könnte. Aber so etwas gefiel den Botanikern ganz und gar nicht.

Protestmärsche wurden aufgeführt, die beim Rathaus endeten. Auf großen Spruchbändern, die hin und her geschwungen wurden, standen Parolen, dass der Bürgermeister sein Amt niederzulegen habe.

Dieser erblickte durch einen kleinen Vorhangschlitz diese vielen aufgebrachten und schreienden Leute mit Entsetzen. Zu dem Bauingenieur, der gerade neben ihm stand, sagte er verzweifelt: "Was machen wir nur mit dieser Meute?"

"Die Polizei ist schon verständigt. Aber so viele Polizisten haben wir gar nicht."

"Dann muss man eben von anderen Orten noch Verstärkung holen!"

Raufereien zwischen Bürgern und Polizisten brachen aus, und das ging sogar so weit, dass einige Passanten in Haft genommen wurden. Jedoch die Unruhen nahmen kein Ende.

Trotzdem war man am nächsten Tag frühmorgens schon dabei, Vermessungen und Untersuchungen der Bodenbeschaffenheit im Stadtpark vorzunehmen. Anwesend waren auch viele Polizisten, um gegen eventuelle Unruhen gleich einschreiten zu können.

Nach ein paar Tagen wurde der Bürgermeister krank, und so sehr, dass er bettlägerig wurde. Viele Ärzte kamen, und man pflegte und untersuchte ihn, wie es nur möglich war. Umsonst –. Schon nach fünf Wochen fanden die Trauerfeierlichkeiten kaum ein Ende.

An seine Stelle trat ein anderer Mann, und zwar von einer politischen Partei, die immer schon gegen alles war, was die vorhergehende auch beschloss. So schlug er gleich einen Plan vor, diese Hauptverkehrsader woandershin verlegen zu lassen. Gesagt, getan.

Wiederum vergingen viele, viele Jahre.

Nach ungefähr vierzig Jahren hatte sich das kleine Städtchen durch wirtschaftlichen Aufschwung gänzlich verwandelt und so ausgedehnt, dass man es als solches gar nicht mehr bezeichnen konnte. In dieser kurzen Zeitspanne ging alles sehr schnell voran. Neue Häuser und neue Straßen taten sich hervor, und nicht zuletzt wuchs auch eine neue Generation heran, die ganz anders war als jene ihrer Väter. Die Leute ringsumher sahen alles, was auch immer in der Welt geschah, in einem anderen Licht als noch vor ein paar Jahrzehnten. Und fingen die Stadtväter damit an, manches umzugestalten; war es darum getan, dass sie Hochhäuser befürworteten, die gar nicht so recht zum Stadtbild passten, oder darum, den Straßenverkehr verlegt haben zu wollen, wodurch einige Einwohner vom Lärm davon gestört wurden, so ließ all dies die meisten Leute kalt. Einige unter ihnen schimpften zwar über das eine oder andere, doch es entstanden kaum Gegenreaktionen.

Ebenso veränderte sich die Art zu leben und auch das Benehmen zueinander, und oft derartig, dass man sich gerne von einer kühlen Art zeigte; was natürlich zur Folge hatte, dass man kaum miteinander redete. Und wenn einige unter den vielen doch einmal Gedanken austauschten, so ging's meistens nur über Belanglosigkeiten. Denn Fragen etwa, die darauf hinauszielen könnten, tiefsinnig über Leben und Tod nachzudenken oder allgemein mit Besonnenheit etwas beschauen zu wollen, oder sich eingehend mit einer Lektüre zu befassen – dazu war viel zu viel nervenaufreibendes Durcheinander um einen herum. Das Schlimmste dabei war, was immer wieder übersehen wurde, dass sich dieses Nervenkitzeln durch die Hintertreppe in jedem Einzelnen – ohne es zu bemerken! – festsetzen konnte. Dabei prasselte auf die Sinnesorgane manchmal so viel Unzusammenhängendes ein, dass Empfindungen gegenüber Mitmenschen sowie zu sich selbst, ja überhaupt Empfindungen im Allgemeinen mehr und mehr abstumpften und – nicht selten! – sogar abgetötet wurden.

So wollte man dieser Welt, die mit ihrem überhäuften Durcheinander bald fad wurde und allem Sinn enthoben schien, entfliehen; hinaustreten von einem Alltag, der mehr oder weniger nur Stress bedeutete. Aber wie sollte das möglich sein? Man fing an zu träumen von weit entfernten Ländern oder Inseln, wo es einem besser ergehen könnte. Nicht zuletzt nahm das Interesse an fernöstlichen Weisheitslehren zu, weil man darin einen Deus ex Machina für die Sinnleere der westlichen Welt vermutete. Selbst die vielsagenden Philosophen europäischer Herkunft, die bisweilen bedrohliche und äußerst fatale Entwicklungen der Menschheitsgeschichte vorausahnten – man schenkte ihnen kein Gehör. Nein, in die Ferne war der Blick gerichtet, um von allem nichts mehr wissen zu wollen.

Und wem es gelang, ganz weit weg an einen vermeintlich verheißungsvollen Urlaubsort zu gelangen, so wurde die miese Stimmung von zu Hause meistens mitgebracht, was natürlich zur Folge hatte, dass ein offener Blick für Sinneseindrücke, die Fremde zu erfahren, geschweige zu begreifen, ausblieb. Stattdessen machte sich ein Hunger nach Erlebnissen bemerkbar, was die Reiseveranstalter wussten, denn den meisten Touristen war es nicht nur ums Faulenzen getan, die Zeit einfach totzuschlagen, sondern sie wollten ebenso unterhalten sein; und da sie dazu untereinander nicht so recht gelaunt waren, mussten hierfür Animateure herhalten. Jedoch diese wie alles andere, was man mehr gesehen als erlebt hatte, wurde so schnell vergessen, wie der Urlaub mit dem Griff zur Zeitung im Flugzeug bereits abgehakt war.

Unter den Jugendlichen, denen es altersmäßig anstand aufzubrechen, alles neu machen zu wollen, gab es einige, die sich gegen diesen Trott, gegen jeglichen Konformismus stemmten, und auch gegen Idealvorstellungen, die ihnen längst schon als unrealisierbare Illusionen ausgetrieben wurden.

Vor allem jene Jugendlichen, die sich gerne als ausgeflippt sahen, fingen zu revolutionieren an. Jedoch ihre Revolution ging weder mit Gewalt einher noch damit, dass man auf die Straße ging, um mit Parolen gegen Missstände zu kämpfen. Nein, ihr Aufbegehren lag darin, anders sein zu wollen als alle anderen. Denn für eine fundierte Revolution fehlten ihnen alle Mittel, sei es darum, dass sie sich nicht ausdrücken konnten, oder darum, dass sie etwas zu organisieren nicht imstande waren, oder auch darum, dass sie nicht einmal wussten, wodurch ein Kampf gerechtfertigt hätte sein können.

Es gab kein Ziel im endlosen Wirrwarr von Willkürlichkeiten, ja selbst die Eltern jener jungen Generation lebten gedankenlos dahin, gerade so, als ob es nur darum ginge, ein Dasein lediglich abtragen zu wollen. So konnten sie auch ihren heranwachsenden Kindern nichts vorleben und schon gar kein Vorbild sein, obwohl es den Heranwachsenden im Inneren nach Orientierung war – unbewusst. Und so gerne sie nicht nur existieren wollten, sondern ein lebendiges Dasein anstrebten, was ihnen ja zustand, gab es bei all diesen Veränderungen einer neuen Zeit kaum ein Entzünden an etwas Sinnvollem, worin sie sich ausleben konnten, kaum etwas, wonach sie greifen konnten, um sich an etwas erbauen zu können.

Was blieb also diesen jungen Leuten, wenn man sie wegen ihres jugendlichen Aufbegehrens oder gerechtfertigten Schwärmens als Romantiker bezeichnen könnte, in einer unromantischen Welt übrig? Sie verdrängten diese umgebende Desillusionierung, wobei der Griff zum Alkohol und zur Droge selten ausblieb.

Das rationalistische sowie mechanistische Weltbild war überhaupt für viele Menschen unerträglich geworden. Sie wollten davon wegkommen, jedoch nicht wie Touristen in ein fernes Land ziehen, sondern in außersinnliche Wahrnehmungen einsteigen. Es galt, PSI-Phänomenen nachzugehen oder der Psychokinese und dergleichen mehr.

Zeigte man damals vor langer Zeit in jener Epoche der Romantik, welche die damalige Aufklärung überlagerte, seinen Widerwillen gegenüber dem Rationalismus durch Herausputzen mit schicker Kleidung, so ging dies nun in umgekehrter Weise vor sich: Man tauschte die Kleidung in sogenannte Klamotten ein; in Klamotten, die sich mit vergammelten Jeans, herunterhängenden Pullovern und abgetragenem Schuhwerk präsentierten; nicht zu vergessen dieses kleine Rucksäckchen, das man so gerne trug, wie dies noch vor einigen Jahrzehnten lächerlich wirkte.

In allem brach ein ganz anderes Modebewusstsein hervor – ein Klamottenbewusstsein! Der Mob hatte seine Freude daran, und selbst die Älteren, welche längst nicht mehr vollen Haares waren und auch nicht mehr im vollen Saft standen, äfften nach, was es nur nachzuäffen gab; lebten selbst sie nur in konfuser Verlorenheit.

Dann kam, um im Jargon dieser Zeit zu bleiben, der sogenannte letzte Schrei. Man wollte gegenüber dieser Masse, welche man lapidar als Spießbürger bezeichnete, auffallen. Aber wie sollte dies geschehen, wenn bereits durch viele Reizüberflutungen, vor allem durch die Werbewirtschaft, die Nerven schon so überstrapaziert waren? Die Lösung dieses Problems war einfach. Denn durch das Liebäugeln mit den Gurus und dem gewollten Ausgeflipptsein fing man an, die Haare in alle mögliche Facetten zu stylen; oft so, dass nur noch ein Büschel am oberen Ende des Gehirns übrig blieb, was man mit allerlei Buntheit einfärbte. Selbst das Gesicht wurde nicht selten zu einer hässlichen Ironie verwandelt, um eben zu zeigen, dass man nicht dazugehörte. Nicht zuletzt bettete man Metallringe in viele Teile des Gesichts und Körpers ein, und man hatte auch daran Freude, sich markieren zu lassen, wie dies bei Tierherden üblich ist; und tätowiert wurde dann manchmal alles – !

Die Basis solch endlosen Schnickschnacks lag jedoch nicht bei den Jugendlichen selbst; nein, vielmehr waren es die Eltern, welche durch die moderne westliche Welt längst vergaßen, den ausgereiften Lebensstil Europas, mit einer Kultur, die ihresgleichen sucht, weiterzugeben.

Der sonderbare Strauch war nach wie vor an dem gleichen Ort, wo er immer schon stand. Doch seine hölzerne Einzäunung wurde durch Chrom und Stahl erneuert, und ebenso die Tafel wich einem undekorativen Plastik-Brettchen, worauf mit fetten Blockbuchstaben – als seien Pflanzen nur Sache – lateinische Ausdrücke standen.

Die jugendliche Gruppe, die sich diesmal neben dem sonderbaren Strauch einfand, war durch die Gegenbewegung zu ihrem besagten Spießbürgertum ganz anders. Es war nicht eine bunt gewürfelte Gesellschaft, die sich etwa durch verschiedene Ansichten und Charaktere auswies – und so etwas konnte man durch eine gepriesene Gleichstellung auch gar nicht haben wollen –, nein, die Buntheit trat buchstäblich dadurch hervor, dass ihre Klamotten, welche an ihnen wie Fetzen hingen, mit all den bunt gefärbten Haaren kaum zu überbieten waren. Ebenso galt ihr Sprechen lediglich abgetakelten Wortfetzen:

"He! Qualm woanders hin. Kacker!", sagte ein Mädchen mit krächzender Stimme, während ein Junge neben ihr eine Zigarette rauchte.

"Wow!", erwiderte dieser. "Der Glimmstengel – echt stark."

"Meinste, ich will wegen dir Krebs kriegen. Mach Fliege!"

Ein anderer unter ihnen wurde aufmerksam auf einen, der etwas entfernt mit dem Rücken zu ihnen saß: "He! Toni! Was is 'n los mit dir?!" Und schon ging dieser Junge auf jenen zu: "Mensch, der flennt ja!", rief er den anderen zu.

"Dann is' a krank", rief einer unter ihnen nach.

"Krank? Weil er flennt?"

"Ach, lass ihn!", meinte ein anderes Mädchen abfällig. "Der flennt wegen seinem Macker. Der is' ihm abgezischt."

"Geh zum Doktor", sagte jener, der neben diesem traurigen Jungen stand.

"Genauso gut gibt's Pillen", flocht das Mädchen ein, welche glaubte, dass sie wegen ihres Nachbarn, der Zigaretten rauchte, krank werden könnte. "Zu Haus hab ich welche", sagte sie vor sich hin. Dann rief sie: "He! Toni! Brauchste Psychopharmaka?!"

Jedoch Toni schwieg.

"Der hat doch 'n Tiefgang, permanent", sagte ein Mädchen zu ihrer Freundin.

Diese Freundin, welche sich gerade die bunten Fransen ihrer hochgestylten Frisur aus ihrem Gesicht wischte, erwiderte gelangweilt: "Is' a selbst schuld. Tiefgang is' Kacke – macht groggy."

Und ein anderer unter ihnen rief ihm nach: "Nimm 'n anderen Macker. Das läuft nicht alles so. Oder meinst, dass du n' Kerl für immer kriegst?"

"Schreib in die Zeitung 'ne Annonce", meinte ein weiterer junger Mann, "dass de einen Lebensabschnittspartner suchst. Kriegst Antwort. Claro!"

"Lass ihn doch. So was schnallt der doch nicht", entgegnete jenes Mädchen zuvor, welche bei ihm nur tiefsinnige Empfindungen vermutete.

Auf einmal wurde es Toni zu viel. Mit schluchzender Stimme wandte er sich der Gruppe zu: "Euer stereotypisches Gequassel geht mir auf die Nerven. Ich hau jetzt ab." Und schon machte er sich auf die Beine, die seinen Schmerz nur halb zu tragen schienen.

"Mensch, der is' ganz alleine!", meinte einer mitfühlend. Und ein Mädchen erwiderte barsch: "Lass ihn abzittern!"

Toni war alleine, ganz alleine; abgeschieden von allen. Niemand unter der Gruppe gab ihm Beistand, obwohl vielleicht ein Arm um seine Schultern schon ausgereicht hätte, seine Schmerzen wenigstens etwas gelindert haben zu können. Ganz geschwächt ging er – einsam. Wenn ihn nur jemand begleitet hätte. Aber nein. Zu seinem Schmerz, seinen Freund, den er so liebte, verloren gehabt zu haben, kam noch ein anderer hinzu. Denn zu Hause angelangt – Einsamkeit – Verlorenheit –.

Aber das war nicht immer so, dass es im Jargon jener modernen Zeit nur kaputte Typen gab. Da waren auch natürliche Typen mit anderen Attributen. Aber das zweibeinige Wesen in ursprünglicher Form noch als Mensch zu bezeichnen, verlor sich mehr und mehr.

Es war ein sehr warmer Sommertag, als sich unter den breit ausladenden Ästen des sonderbaren Strauches, die zu der heißen Sonne einen angenehmen Schatten spendeten, zwei Philosophie-Studenten eintrafen.

Sie kannten sich schon sehr lange, und in ihrer freundschaftlichen Gesinnung waren sie einander so zugetan, dass sie sich – im Sinne, was sich liebt, das neckt sich – auch manchmal gegenseitig hochnahmen und ihre Scherze trieben:

"Übrigens, mir hatte es kürzlich von ihm geträumt", sagte der eine der beiden, wobei er auf den sonderbaren Strauch deutete. "Die Äste – stell dir nur vor! – fingen an, sich zu bewegen; dabei wurden sie wie bei einem Tintenfisch zu riesigen Fangarmen. Und nach einer Weile wurde ich von einem Ast gepackt und hochgeschleudert. Vor Schreck wachte ich auf."

"Also irgendetwas Merkwürdiges ist an ihm schon dran, denn jedes Mal, wenn wir neben ihm sitzen – ich weiß nicht, unter ihm zu sein ist mir immer sehr angenehm, obwohl es anderswo ebenso schattige Plätzchen gibt. Aber nicht nur mir ergeht es so, Müllers auch! Und diese Frau! O je! Ständig dieses Beklagen, warum die Leute so unverbindlich sind, so verschlossen, kühl und..." – "Und das kann man durchaus erklären", wurde er gleich von seinem Freund unterbrochen.

"Mit der analytischen Philosophie etwa? Oder mit dem Wiener Kreis oder mit der der Kritischen Theorie? ..."

"Ach was – dazu wäre intellektuelle Akrobatik gar nicht am Platze. Nein, ich denke an etwas anderes. Denn gerade in der pluralistischen Gesellschaft ist ja eine Freiheit gegeben, die es nie zuvor gab. Das ist doch eigentlich großartig."

"Aber viele finden sich nicht glücklich dabei. Vielleicht liegt's daran, dass sie mit ihrer Freiheit nicht umgehen können?"

Sein Freund nickte gedankenvoll. "Und mit ihren eigens geschaffenen Gütern können sie auch nicht umgehen; gerade so wie viele eher Stereoanlagen hören wollen statt Musik –. Dann deutete er klopftend auf seine Brust. "Hier liegt das Glück! Und das, mein Guter, wurde nicht selten vor lauter Stöbern nach Erkenntnis und Vernunft verkannt."

"Hm –. Und mit Goethe könnte man sagen: *Das Glück ihm günstig sei. Was nützt's dem Stöffel, denn regnet's Brei, fehlt ihm der Löffel.*"

Sein Freund lachte. "Eben. Aber wie willst du das erklären?"

"Tja. Da liegt der Haken. Oder man muss die Frage ganz anders stellen: Wem, wem willst du dies erklären? Wie willst du jemandem – gerade in unserer Zeit – klar machen, dass es durchaus eine Sonne gibt, wenn er nur im nachtumhüllten Stumpfsinn dahinlebt, was er deshalb nicht bemerkt?" Darauf fügte er scherzhaft hinzu: "Da braucht man nur dich anzusehen."

"Und bei dir muss man von vorne anfangen!", erwiderte sein Freund ebenso scherzend. Doch fuhr er gleich ernsthaft fort: "Früher, vor langer, langer Zeit lebte der Mensch noch mit der Natur, und später hat er seinen Blick zu ihr durch Verstädterungen versperrt, bis er schließlich dorthin kam, sich durch technischen Gram ganz abzukapseln; ja sogar die Welt nur noch aus zweiter Hand erleben zu wollen wie bei Computerfreaks."

"Du wirst doch nicht die vorsumerische Zeit heraufbeschwören wollen –."

"Aber nicht doch! Nein, ich meine, wenn wir den gegenwärtigen Zeitgeist durchleuchten wollen, so müssen wir auch die Sicht zu ihm, die von unserer Epoche geprägt ist, mit einbeziehen. Und diese Sicht ist durch all das, was der Mensch sich mit der Industrialisierung geschaffen hat, ziemlich verstellt. Da bleibt ihm keine

Ausschau zum Natürlichen übrig; weder im Hinblick zur umgebenden Welt noch zu seinem Selbst."

"Da kann ich dir nicht ganz recht geben, denn technische Errungenschaften haben ihm doch auch was gebracht."

"Ja, so viel," meinte sein Freund enttäuscht, "dass sie ihn überfordern und aus der Hand gleiten, und die Gebundenheit zur Welt, zum Leben aus den Augen verloren wird, was sich bei der Philosophie schon darin abzeichnet, wenn sie durch neue Wissenschaftstheorien an Sprachanalysen und manchem Spielzeug hängen bleibt und somit ihre eigentliche Bedeutung aufgibt."

"Tja, wie du schon sagtest, dass dadurch für den Sinn einer Natürlichkeit keine Ausschau mehr übrig bleibt."

"Keine Aussicht – möchte ich es nennen, um eben aus dem Strudel herauszukommen. Gerade so, als wenn du ein Kind mit Spielsachen überhäufst. Es bleibt ihm keine Besinnung für das Einzelne der unzähligen Dinge um ihn herum übrig, um eben einen Wert in ihnen erfahren zu können."

"Weil alles zum bloßen Ding wird, und das einzelne Ding, da es durch die vielen Spielsachen keinen Wert erhält, leicht austauschbar wird."

"Da kann keine Liebe mehr zu einem Teddy aufkommen, zu einer Puppe oder zu was auch immer. Denn durch Überhäufungen treten Überreizungen ein, und diese wiederum erzeugen eine Abstumpfung der Sinne."

"Und so bleibt es nicht aus, dass aus dem Überfluss der Überdruss hervorquillt. Das Kind fängt zu kränkeln an und weiß mit sich nichts mehr was anzufangen."

"Es möchte dann bald dieses und jenes; ja – bald! Sofort hat es zu geschehen."

"Weil ihm in seinem rastlosen Wünschen, noch mehr haben zu wollen, die Zeit davonläuft. Ein Sich-Zeit-nehmen zur Besinnung oder gleich gar für ein Erfühlen ethischer Werte kann somit gar nicht aufkommen. Ach, was sage ich da, wurde doch längst schon die Ethik zu einem Pseudobegriff, weil sie empirisch nicht verifizierbar ist. Nur, was ist das für eine Gesinnung –?"

"Eine verstrickte, weil sie sich nur im Rausch von abstrakten Gedankengebäuden befindet. Sein natürliches Sinnen, wenn überhaupt dabei noch vorhanden, ist nicht mehr zentrifugal nach außen gerichtet, wie er sich in der Welt befindet, sondern zentripetal zu sich selbst, wobei er sich regelrecht geradezu auffrisst."

"Und das Du − ? Wo bleibt es noch? Wie ist überhaupt noch ein Blick zum Du möglich? Und außerdem, wie soll ein Mensch ohne ein Du werden? Als Einzelner bin ich nur ein halbes Wesen, und so sehe ich die Welt auch nur halb."

"Ein Wahnsinn! Überreizung, Empfindungslosigkeit, Besinnungslosigkeit, Verlorenheit −. Kann sich denn dabei noch eine Orientierung ergeben?"

"Genau! Hier liegt der neuralgische Punkt: Orientierungslosigkeit!" Plötzlich fiel ihm eine Begebenheit ein, worauf er sich aufs Knie schlug: "Mensch! Da fällt mir gerade Martina ein, als es im vergangenen Winter mit ihrem Freund in die Berge zum Skilaufen ging: Sagte Sie doch, dass sie nie planen, wohin sie fahren, denn sie wollen alles spontan machen."

"Da hast du den Beweis dafür", lachte sein Freund: "Spontaneität! Die große Ausrede für ihr Unvermögen, sich auf etwas freuen zu können. Zeit dafür haben sie keine, und so können sie auch eine Erwartung gar nicht genießen."

"Ach: genießen −. Bei all dem, was wir angesprochen haben, wie sollte da noch ein Genießen möglich sein? Dazu müssen sie doch erst mal von dem Tohuwabohu, in dem sie nun mal stecken, geschweige davon, ob sie dies überhaupt bemerken, herauskommen. Nur wie − ?"

"Es bedarf der Idee, des Schauens, des Sehens ..." Da wurde er gleich unterbrochen: "Ach, was willst du denn damit. Der Idealismus ist doch längst vom Tisch gekehrt!"

"Eben. Das ist der große Sch..."

"... schon reingetreten, mein Lieber! Denn gerade durch die Empfindungsabstumpfungen sind jegliche Ideale in ethischen Wertvorstellungen oder Inhalten, die auf das Schöne hinzielen − längst passé."

"So lebt er also nicht, sondern er existiert; als Glied in einem Getriebe konformer Kollektivität, eingebettet in ein mechanistisches Weltbild."

"Und das Leben einer Seele wird zur Funktion einer Seele."

"Gerade erinnere ich mich an die Ausstellung Neue Sachlichkeit. Weißt du noch −?"

"Tja, deutlicher kann's nicht gezeigt werden, wie der Mensch durch seinen Hang nach Seelen-Funktion selbst zur Sache wird; eingesargt in ein System, wo er nicht mal ein existierendes Wesen ist, sondern lediglich nur noch Ding."

"Und davon wird er krank; ja er muss es sogar werden, weil dies wie ein Fremdkörper in der angeborenen Natürlichkeit stört."

"Sicher! Und so konnte auch die Psychoanalyse ihren feierlichen Einzug erleben, und das Wesen Mensch als funktionierendes Ding denunzieren."

"So blieb es nicht aus, dass ein krankhaftes Sich-selbst-Finden auf immerwährender Suche nach Selbstbestätigung, Selbstverwirklichung folgte; schließlich war jegliche seelische Wertvorstellung längst aufgehoben."

"Man erwärmt sich nicht an der Seele, sondern man analysiert sie. Und wehe dem, wenn sie nicht funktioniert! – Jedoch wie funktioniert sie eigentlich? Oder wie hat sie unter Normen, obwohl der Mensch nicht normbar ist, zu funktionieren?"

"Normen –. Na ja, die Gleichstellung war aber schon notwendig!"

"Gewiss doch, mein Lieber! Jedoch abgesehen von notwendigen Menschenrechten wurde doch eine Gleichstellung beider Geschlechter oft übertrieben. Das sieht man doch schon darin, dass daraus mehr Flintenweiber hervorgingen als weibliche Weiber, mehr alternativ verweichlichte Männer als wirkliche Männer, oder etwa nicht? Außerdem, ohne diese Gleichberechtigungen werden Familien ohnehin von Frauen regiert; nur die Männer bemerken dies nicht. Das ist doch nichts Neues. Neu allerdings ist, und dabei kann ich mich vor Lachen in den Hintern beißen, wenn sie mit Kindern auch eine Gleichstellung betreiben, indem sie mit diesen reden, als wären diese schon so weit wie ein Herangewachsener. Mein Gott! Ein Zehnjähriger kapiert doch noch lange nicht das, was ein Zwanzigjähriger schon längst weiß." Dann scherzte er: "Bei dir ist es natürlich umgekehrt. Da muss man reden wie mit einem Siebenjährigen."

Sein Freund lachte und erwiderte darauf mit gespielter Kinderstimme: "Ja, Papa." Doch gleich darauf sann er nachdenklich vor sich hin und sagte: "Bei übertriebener Gleichstellung, also wenn alle über einen Kamm geschert werden – geht da alles noch mit einem

Respekt einher? Also wenn ich mir jene älteren Leute vergegenwärtige, die sich völlig fremd sind, gleich das Du anbieten – ist das nicht lächerlich?"

"Das ist eben die lockere Art. Es gibt kein Oben und Unten mehr. Und schon gar nicht einen Unterschied – so was will man doch nicht mehr! Wozu noch jemandem einen Respekt erweisen, oder diesen Begriff näher durchleuchtet, eine Ehrerbietung darbringen, wenn man ohnehin eine gegenseitige Wertschätzung, was ja etwas Wunderbares ist, gar nicht mehr haben will. Man möchte sofort mit dem Gegenüber vertraut sein. Allein, man hat doch keine Zeit mehr, bis es zu dieser Vertrautheit kommt. Oder wenn Mann wie Frau bemerken, dass sie sich eine intime Beziehung vorstellen können, geht's gleich zur Sache. Jenes Durchleben einer Sehnsucht, das Erträumte zu erreichen, kommt gar nicht erst auf."

Sein Freund fing zu scherzen an: "Du bist eben nicht spontan. Unflexibel bis dorthinaus. Furchtbar ist das mit dir."

Nach kurzem Auflachen darüber kam der so Angesprochene gleich in viele Gedanken: "Weißt du, was bei dieser Nivellierung noch herauskommt? Folgt daraus nicht – wenn man noch das Egoistische sowie das Pragmatische hinein bezieht – die Gleichgültigkeit, die so leicht hervortritt, wie alles schnell egal werden kann?"

"Eben. Und daraus wiederum – der coole Typ."

"Kühl muss er bleiben, weil sonst seine übertünchte Unsicherheit peinlich werden könnte. Und alles andere als bloß das nicht! Schließlich nimmt er sich ernst!"

"… Weil nichts in ihm ist, und er deshalb verschlossen, verdrückt bleiben muss. Überhaupt, die meisten sperren sich ab; was aber mit Schüchternheit nicht verwechselt werden darf, die bei großer Liebe einhergeht. Aber durch die bewusste Einschränkung der Offenheit – baut sich da nicht ein Image auf, das so verlogen ist, wie es nur aus Schaumgebilden besteht? Oder ein sogenannter guter Ruf; ohne zu bemerken, wie dennoch andere schlecht über einen reden? Ach, wie viele Lächerlichkeiten –."

"Ein In-sich-Kehren, oder besser gesagt: En In-sich-Leeren könnte dafür heilsam sein. Ein Loslassen des eigenen Ichs."

"Aber mein Guter, wie willst du etwas leeren, wenn nichts drin ist?"

Beide lachten, und jener, der so spöttelte, fuhr gleich fort: "Du hast schon recht, dass es wichtig ist, sich nicht allzu ernst zu nehmen. Und oft kann nichts erleichternder sein, als wenn man über sich selbst lacht. In gleicher Weise käme man auch von einem Für-sich-selbst-Sein ab. Denn nur für sich selbst zu leben – wo bleibt eine Aussicht nach einem Seelenheil durch andere? "

"Seelenheil – was du nur für Worte verwendest. Der Vereinzelte, ja gleichsam der als Produkt der Rationalisierung Hervorgehende beachtet doch keine gemeinsamen Werte mehr. Er achtet doch hauptsächlich auf sein eigenes Wohlbefinden. Dazu möchte er nicht nur schön sein, sondern auch fit. Brauchst ja nur mal die Fitness-studios anschauen, wie die Furore machen."

"Na ja. Aber – Gesundheit sowie Eitelkeit gehören nun mal zum Leben."

"Für was? Um zu leben oder nur um zu existieren?"

Da lachte sein Freund: "Darüber sollte sich so mancher wirklich Gedanken machen. Doch allgemein bedarf es eines gesunden Kör-pers, der aber nur in einem gesunden Geist aufblühen kann, denn wem dem nicht so …" Da wurde er gleich unterbrochen: "Ach, was willst du mit einem gesunden Körper, wenn der Geist leer ist und die Drüse, sprich: Seele kränkelt?"

"Nein, das stimmt nicht. Denn das eine wie andere ist voneinan-der abhängig."

"So, dann stell dir mal den geilsten Geschlechtsverkehr vor. Braucht es dazu tiefstes Liebesempfinden?"

"Na ja, das gerade nicht", erwiderte sein Freund nachdenklich. "Denn im Sexuellen liegt mehr das Verlangen, und in der Liebe das Geben, die Wertschätzung; und wenn sie ganz tief einhergeht, so lebt sich darin Selbstlosigkeit im Füreinandersein aus."

"Genau! So ist's. Doch im Sexuellen, mein Lieber, liegt nicht *mehr* Verlangen, wie du meinst, sondern *nur* Verlangen! – ob masochistisch oder sadistisch."

Sein Freund fing zu lachen an: "Das kann ich mir bei dir gut vor-stellen – du geiler Bock."

"Ach, lass jetzt diese Witze!" Daraufhin hielt er mit beiden Hän-den seinen Kopf so nachdenklich, dass er dabei seine Augen zuhielt.

"Was hast du jetzt? Deinen guten Ruf verloren, oder was?", scherzte sein Freund.

"Mein Lieber, ich denke nach, was natürlich bei dir selten der Fall ist. Aber bei mir ist das so, dass ..." Da unterbrach sein Freund: "Ach was?!"

"Ich frage mich, wo bei diesem coolen Typ und bei den vielen, die verdrückt und unfrei herumlaufen, die Geselligkeit bleibt."

"Ja, wo? Ich sehe die meisten nur noch sich unterhalten. Aber das Gesellige, das freie Ausleben in einer Zusammengehörigkeit – wo?"

"Kann der Vereinzelte, nun konform im Kollektiv verloren, und da er von niemanden geschätzt wird und sich dadurch äußerst ernst nimmt, noch gewitzt sein? – noch einen Humor in sich haben? Einen Humor mit Esprit?"

"Nein. Selbst wenn sie über etwas lustig sind, so lächeln sie. Aber herzhaft lachen –." Und nach einer Gedankenpause fuhr sein Freund auf: "Ha! – Ich hab's! Ja, sie lachen, jedoch auf Knopfdruck! Bei jeder Veranstaltung, und was immer in dieser Richtung geschieht, musst du sagen: Das macht Spaß!"

"Hm. Der gemachte Spaß, die gemachte Heiterkeit und in allem der gemachte Mensch."

"Die Mache – hier liegt der Punctum saliens! Und dass die Mache nur Mache ist, erweist sich in ihrer Kurzlebigkeit. Schon nach kurzer Zeit wird eine Mache von einer anderen Mache abgelöst, und diese wiederum ist so rasch veraltet wie die vorherige. Beweise liefern hierzu auch Mode-Erscheinungen, die meiner Ansicht nach oft in Hässlichkeiten abdriften, die natürlichen Empfindungen auf die Dauer widerstreben."

"Nein, da kann ich dir nicht zustimmen. Allein, haben denn alle noch – deine so angesprochenen – natürliche Empfindungen? Du vergisst wohl die ganz Verrückten, und damit meine ich jene, die von der Natur im wahrsten Sinne des Wortes ver-rückt sind, wie dies etwa bei Kurt der Fall ist, der mit seinen violetten Augen oder seinen Katzenlinsen, die er sich ins Auge schiebt, um andere mit solchen Hässlichkeiten zu schockieren. Er möchte anderen so wenig gefallen, wie er sich selbst als Abgeschmacktheit erleben will."

"Irgendwie ein armes Würstchen."

"Ich würde sagen: Ein Ergebnis aus Zombies und so manch anderer ekelhafter Phantasielosigkeit der Sciencefiction-Szenerie."

"Phantasievolles kann auch gar nicht hervortreten, wenn der Mensch durch irrgewordene Phantastereien sich gerne in der Hölle herumtreiben will –. Ich denke, dass der Mensch gerade durch Sinnesabstumpfungen leicht zu irritieren ist und sich dadurch eher an etwas Unnatürliches sowie Unsinniges gewöhnen kann. Typisches Beispiel ist auch die Vereinsamung, die sich ja unwahrscheinlich ausgebreitet hat und er sich daran gewöhnte."

"Nein, mein Lieber, daran kann er sich nicht gewöhnen! Das geht gar nicht; selbst wenn er sich belügt, indem er ein unabhängiges Leben haben wollte, was aber im Grunde genommen nicht durchführbar ist – siehe Robinson Crusoe. Ja selbst ein Hund verlangt nach Zuneigung, auch wenn du so ein armes Viech verlottern lässt. Und sieh dir doch die vielen Vereinzelten an, wie sie mit ihrer einfältigen Verschlossenheit zurückgezogen dahinvegetieren – werden sie von der Einsamkeit nicht geradezu zernagt?"

Sein Freund nickte nachdenklich. "Selbst unter jenen, die verheiratet sind, können doch viele nicht darüber hinwegtäuschen, dass sie sich zueinander oft nur Subjekte sind; eingeschlossen in Sachbezogenheiten. Und sich miteinander unterhalten zu wollen, was ja äußerst notwendig ist – geht nicht."

"Weil so etwas der Fernseher längst schon abschaffte. Und gefressen wird dabei alles, schier alles –."

"Eben. Und bei diesen vielen Willkürlichkeiten – an was soll er sich noch halten?"

"Aber mein Lieber, die Willkürlichkeiten, die will er doch. An die hat er sich ja schon gewöhnt – spontan; ohne echte Spontaneität! So ist es für die Mache ein Leichtes mit ihm zu machen, was sie will. Sie hat ihn selbst zur Mache werden lassen. Und so etwas bemerkt er ja gar nicht, und schon gar nicht, wenn er durch manche Mache nicht zur Masse gehören will, obwohl er gerade dadurch zur Masse gehört."

"Wodurch kann eigentlich dieser Zauber der Mache so an Gewicht gewinnen? Das ist doch nur möglich, wenn die Individualität des Einzelnen auf wackeligen Beinen steht."

"Auf wackeligem Boden, möchte ich sagen. Er will sich von der Basis, wo Willkürlichkeiten der Mache zur Orientierungslosigkeit führten, loslösen, die seiner Natur, welche eigentlich bereits seit seiner Geburt nach Orientierung verlangt, widerstrebt. Und wie soll er einer Individualität noch einen Raum geben zu können in der Lage sein, wenn er von der Masse unbeachtet bereits als Vereinzelter verloren dahindarbt? Als Ausgleich hierfür möchte er auf sich aufmerksam machen, und das ist allzu logisch. Beweise liefern Graffiti an lang gestreckten Mauern, wie etwa *'Ich liebe Helga'* oder an Autos: *'Ich bremse für Kinder'*, *'Ich liebe Radio XY'*."

Sein Freund schlug sich vor Lachen auf die Stirne: "Oder: *'Ich bremse für niemand'*!"

Der andere der beiden musste ebenso lachen: "Na, bei deiner Fahrweise ist so was wirklich angebracht."

Sein Freund fragte jedoch gleich nachdenklich: "Sag mal, wen interessieren solche Aufschriften?"

"Niemanden! Nur dass man daraus sieht, wie der Verlorene nach Individualität ringt, die zwar einen beständigen Wert in sich voraussetzt, welcher aber durch den Strudel von Mache und Orientierungslosigkeiten nicht vorhanden sein kann. Gerade so als wenn ein halber Mann nach männlichen Accessoires Ausschau hält, um damit seine Geschlechtsbezogenheit hervorheben zu wollen, ohne zu bemerken, dass er gerade dadurch lächerlich wirkt." Dann fügte er scherzhaft hinzu: "Ähnlich wie bei dir – mit deinem Schnauzbart." .

"Wie witzig –. So was würde zu deinem weiblichen Gesicht gar nicht passen", erwiderte sein Freund ebenso scherzend.

"Na ja, ich will heute ausnahmsweise mal tolerant sein."

"Wie großzügig!" Auf einmal schlug er sich gedankenvoll auf die Stirne und biss sich auf die Unterlippe: "Ha! Toleranz – auch so etwas! Wird sie nicht selten zur Farce? Einmal sagte eine Frau zu mir, dass sie viele Länder bereiste und alle Länder liebe. Ich gab ihr damals zur Antwort, dass sie dann kein Land recht liebe. Denn jeder Mensch, ja, jedes Lebewesen hat seine Zuneigungen und Abneigungen, oder nicht?"

"Das schon, aber wir dürfen auch nicht vergessen, dass Tolerieren im Grunde genommen bedeutet, gegenüber anderen weitherzig zu sein, nachsichtig zu sein."

"Ha!", fuhr sein Freund auf. "Wie sieht diese Nachsichtigkeit aus? Was für einen Hintergrund hat sie denn? Steckt dahinter nicht oftmals Gleichgültigkeit?"

"Natürlich. Gleichgültigkeit sieht man auch darin bestätigt, wenn die Kultur als deutlicher Spiegel eines Menschheitsbewusstseins einer Epoche heutzutage bald jeden Unsinn aufs Podest erhebt."

"Eben. Und was deine angesprochene Weitherzigkeit betrifft – wie schön, wie gut! Aber wie wird sie denn praktiziert? Wird daraus nicht oft eine Show gemacht, die nötig ist, um die Kargheit von Empfindungen zu übertünchen?"

Daraufhin, mit zurückgehaltener Körperhaltung scherzte der andere der beiden: "Du hast heute schon sehr viel Unsinn gesagt, aber diesmal muss ich dir ausnahmsweise recht geben."

Dieser ging gleich auf diesen Scherz ein und erwiderte ebenso höhnisch: "Das freut mich, mein Herr. Sie sind eben tolerant, und somit kommen wir auch in keine Streitgespräche."

"Um Gottes willen! Sind Sie verrückt?", spöttelte der andere von den beiden. "Sehen Sie nicht, dass dadurch Emotionen hervortreten könnten?! Also das geht nicht. Das muss ich Ihnen schon nahelegen."

Da lachte sein Freund, der ebenso zu spötteln anfing: "Nein, Emotionen, oder derselben gleich gar in irgendeiner Weise Gefühle zu zeigen – das geht wirklich nicht! Wissen Sie, wir wollen doch einsichtig sein. Wir wollen doch vernünftig bleiben. Denn Sie wie ich sind so vernünftig, dass wir aus lauter Vernünfteln gar nichts anderes sein wollen als eben vernünftig."

"Oh ja", erwiderte dieser so Angesprochene ebenso mit gespielter Hochnäsigkeit.

Immer mehr gerieten sie in Schauspielereien, wobei sein Freund mit hoch gestrecktem Kopf sagte: "Wissen Sie, mir sind die Dinge alle zu primitiv, und darüber zu reden – nein, das ist mir zu banal."

"Oh ja, schließlich könnte sich das als nicht richtig erweisen, was wir sagen. Eine fatale Angelegenheit."

"Aber nicht doch! Man braucht doch nur zu schweigen, und schon bleibt jegliche fatale Angelegenheit ausgeschlossen."

"Oh ja! Im schweigsamen Innewerden dessen, über was man reden könnte, bleibt ja auch viel Inhalt übrig, der keiner Artikulation bedarf."

Da lachte sein Freund und schlug ihm auf die Schulter: "Du bist vielleicht ein Spinner!"

Jedoch der andere der beiden persiflierte weiter: "Diesen *Spinner* will ich überhört haben. Außerdem ist das Berühren von Figuren verboten. Nehmen Sie Ihre Hand von meiner Schulter weg."

Beide strahlten sich so lachend an, dass es eine Weile dauerte, bis sie wieder in üblichem Ton miteinander redeten.

"Mein Gott!", sagte sein Freund nachdenklich. "Das alles, was wir so ins Auge fassten, hat doch mit einem Lebensbewusstsein nichts mehr zu tun."

"Lebensbewusstsein?!", fuhr der andere Freund auf. "Wer ist sich seines Lebens bewusst? – Oder sag mir mal, wer sich darüber bewusst werden will?! – Mein Lieber, sie er-leben nichts mehr, sie durch-leben nichts mehr, nein, sie leben Ereignisse ab, die so erledigt sein wollen, wie man sie hinterher abgehakt haben will; und zwar schnell!"

"Das hat doch mit einem Bewusst-sein nichts mehr zu tun."

"Freilich nicht. Versachlichung, Mache, Gleichgültigkeit – die Drüse, sprich: Seele hat sich in einen gordischen Knoten verstrickt. Das Kalkül eines Wissenschafts-Fanatismus tritt in den Vordergrund und ..."

"... mit eiskalt gezogenen, exakt geraden und scharfen Linien – eingedrückt in eine anorganische glatte Symmetrie, die nichts anderes um sich duldet; und schon gar keinen Lebensfunken."

"Und der Selbstmord einer Menschheit wurde so eingeläutet."

Sein Freund nickte nachdenklich und fügte diesen Worten bedacht hinzu: "Und weißt du, was das Schlimmste dabei ist? – Es fällt niemanden auf –."

"Ja, es fällt niemanden auf –."

Vom sonderbaren Strauch vis-à-vis über den großen Park mit vielen Bäumen und Gehwegen hinweg, so ungefähr zweihundert Meter entfernt, gab es auch etwas Neues zu sehen. Ein großes Gebäude erhob sich, ein Sanatorium, das für geistig und körperlich Behinderte erbaut wurde.

5. Kapitel

Mit diesen Behinderten, und gerade weil sie der Bewegung bedurften, ging's auch manchmal hinaus in die frische Luft. Der Stadtpark war gerade das Richtige hierfür.

Eines jedoch ereignete sich immer wieder. Denn sobald die Krankenpflegerinnen oder -pfleger mit so einem armen Wesen den sonderbaren Strauch passieren wollten, hatten die meisten unter den Behinderten doch immer den Wunsch, dort stehen zu bleiben; gerade so, als ginge von diesem Gewächs eine Anziehungskraft aus, die sie innehalten ließ, um es ausgiebig betrachten zu können. Und wie sie durch ihre Behinderung mehr oder weniger in der Lage waren, das eine wie andere wahrnehmen zu können, wollten sie auch gerne betasten, was sie sahen. Deshalb beugten sie sich bei der Abzäunung etwas vor. Aber der Abstand zu den ineinander verschlungenen Stämmen war zu groß, als dass sie diese je erreichen hätten können. Ständig versuchten sie, den sonderbaren Strauch zu berühren. Sie rangen geradezu danach. Und so hatte mancher unter dem Pflegepersonal ein Herz für sie. Kurz entschlossen nahm man sie an den Hüften und hielt sie etwas hoch, damit sie wenigstens die weit ausladenden überhängenden Zweige berühren durften.

Aber dass es mit so einer Berührung etwas Besonderes auf sich hatte, kam niemandem in den Sinn, denn für das Pflegepersonal war dieses Verlangen der Schützlinge nach einem Abtasten nichts anderes als etwas, das zu ihrer Behinderung gehörte. Und selbst wenn dem nicht so gewesen wäre, so sah man darin lediglich jenen Umstand, wie er bei Babys vorkommt, die einen Gegenstand in den Mund nehmen wollen, um diesen näher kennenzulernen.

Die Einwirkungen des sonderbaren Strauches machten sich hauptsächlich während ihres Schlafens bemerkbar. Denn am nächsten Tag als sie aufwachten, redeten sie — soweit überhaupt manche dazu in der Lage waren — von ihren Träumen, dass sie sich unter dem sonderbaren Strauch liegend sahen und von oben her ein merkwürdiges Licht gewahrten, das violett schimmerte.

Jedoch das Pflegepersonal sah in derlei Erzählungen lediglich Auswüchse, die eben auf ihre Behinderungen zurückzuführen seien. Nicht zuletzt lebte man schließlich in einer Zeit, wo man realistisch dachte und mystische Betrachtungen nur belächelte.

Aber bei diesen Träumen blieb es nicht alleine. Verblüffend war vor allem ein Umstand, der sich zudem noch bei einigen bemerkbar machte: Denn jene, die nicht reden konnten, lernten nach und nach so rasch das Sprechen, wie es sonst nie möglich hätte sein können. Auch physische Behinderungen verliefen in einem unwahrscheinlich zügigen Heilungsprozess. So konnte beispielsweise ein humpeln-des Mädchen schon nach sechs Wochen in üblicher Weise gehen.

Das gesamte Personal, das für die Behinderten zuständig war, machte zwar wegen verschiedener Geschehnisse und Heilvorgänge die notwendigen Aufzeichnungen hierzu, und dies wurde auch zeitlich festgehalten, aber niemand dachte daran, dass es auch wesentlich gewesen wäre, über den Zeitpunkt der Berührungen mit dem sonderbaren Strauch Notizen zu machen. Wozu auch? Schließlich waren sie von ihrem Beruf her derartig von ihren Heilmethoden überzeugt, dass sie eine andere Sicht nie in Betracht zogen. Im Gegenteil! Denn über die einzelnen Vorfälle, von denen in üblichen Besprechungen, die allwöchentlich stattfanden, die Rede war, bekämpften sie sich nicht selten untereinander, ob der eine oder andere Heilvorgang wegen bestimmter Methoden dem Pflegepersonal oder den Psychotherapeuten zuzuschreiben war.

Der Direktor der Anstalt meinte einmal: "Also, wenn ich mir die Zeitspannen der einzelnen Heilvorgänge ansehe, sei es psychischer oder physischer Natur, so ging alles nicht in üblicher Weise voran, sondern in äußerst frappierend kurzer Zeit. Auch ist es im Allgemeinen unmöglich, dass man einem geistig Behinderten zu einem vollen Bewusstsein verhelfen könnte."

Sie redeten und redeten – um den heißen Brei. Dabei gingen ihre Ereiferungen meisten nur darauf hinaus, ihre Meinungen durchgesetzt sehen zu wollen. Und während einzelne Argumente aneinanderprallten, erging es jenen, die mit dem sonderbaren Strauch in Berührung kamen, besser und besser. Überhaupt, die merkwürdigen Ereignisse einer Genesung – ob psychisch oder physisch – häuften sich mehr und mehr – auch manchmal, und das war vor allem das Erstaunlichste, ohne ein Dazutun!

Warum nur? Gerade dieser Umstand müsste dem Personal eigentlich aufgefallen sein und wäre ja wirklich für ihre Untersuchungen ausschlaggebend gewesen. Aber nein, so etwas wurde verdrängt, schließlich wollte man sich für weiß Gott wie großartig hinstellen, dass doch diese Heilvorgänge durch besondere Therapien begründet wären.

Jene Älteren unter den Behinderten aber, hatten weniger das Verlangen, die Äste des sonderbaren Strauches zu berühren, was wohl daran lag, dass sie schon zu lange an ihre Abwesenheit vollen Bewusstseins gewöhnt waren. So konnten sie durch dieses Gewächs leider keine Heilung erfahren.

Die drei Psychotherapeuten der Anstalt, und für den Chef waren sie hochkarätig, trafen sich manchmal zu einer speziellen Unterredung. Aber hierbei ging es, fast wie bei manchen Fernsehdiskussionen, mehr oder weniger nur darum, dass einer wie der andere gescheiter sein wollte; natürlich mit viel Fachsimpelei und Fremdwörtern – versteht sich. Jedoch darüber zu reden, inwiefern man aus verschiedenen Argumenten Schlussfolgerungen ziehen könnte, blieb meistens aus.

Besonders, ja verblüffend war auch, und selbst wenn dies nur in seltenen Fällen vorkam, dass bei einigen Patienten, die eingeliefert wurden, der Zustand ihres gestörten Bewusstseins nach einem Jahr schon in einen üblichen Grad von Intelligenz überging.

Jedoch konnte man sie wegen ihrer rasch voranschreitenden Genesung noch nicht entlassen, da man ihnen erst das eine wie andere, was zum Leben gehört, beibringen musste. Hinzu kam auch, dass diese genesenden Patienten teilweise andere Behinderungen hatten, wie Bettnässen und Ähnliches. Immerhin konnte man ihnen so manches Wissen vermitteln, und auch wie man sich gegenüber Mitmenschen verhält.

Eines Tages ereignete sich etwas ganz Besonderes. In dem Sanatorium war nämlich eine kleine Bibliothek untergebracht, die für das Personal bestimmt war.

Während ein Therapeut sich darin gerade aufhielt und ein paar Bücher vor sich hatte, mit denen er eifrig beschäftigt war, klopfte es leise an der Tür. Bernhard trat herein; jener junge Mann, der noch vor zweieinhalb Jahren nur lallte und sich über nichts bewusst werden konnte. Doch jetzt – seine Wissbegier war äußerst auffällig.

"Ach, Bernhard! Du, in der Bibliothek?", fragte dieser Therapeut erstaunt.

"Ja, über Elektrotechnik hätte ich gerne ein Buch gehabt, denn bei dem Lexikon, welches mir meine Mutter kaufte, kam ich drauf, dass mich dieses Thema am meisten interessiert."

"Elektrotechnik?", fragte sich der Therapeut. "Weißt du, die Bücher hier handeln hauptsächlich über Psychologie, wenn du verstehst, was ich damit meine."

"Ja, ja, darüber habe ich auch in dem kleinen Lexikon gelesen, aber so etwas interessiert mich nicht."

"Ich werde bei der Hausverwaltung anrufen, ob Bücher über Technik auch hier vorfindbar sind und wo so ein entsprechendes Buch auch zu finden ist. Doch warte erst einmal." Daraufhin war er gleich wieder mit seiner Angelegenheit beschäftigt, indem er in den vorliegenden Büchern grübelte und sich dabei etwas aufschrieb. Aber bald darauf war er daran, wegen so eines Buchs, was Bernhard wollte, zu telefonieren.

Solche Ereignisse sowie überhaupt die raschen Heilvorgänge – das sprach sich in der Bevölkerung natürlich herum. So erschienen in Zeitungen nicht selten Berichte darüber; mit Interviews der Therapeuten und Ärzte. Ebenso gab es von diesem Sanatorium auch einen Bericht im Fernsehen. Und das ging so weit, dass man auch im Ausland davon hörte, was natürlich zur Folge hatte, dass ein großer Zulauf stattfand, und man in Erwägung ziehen musste, einen weiteren Trakt für die vielen, die da wohl noch kommen würden, zu errichten.

Da war auch einmal eine Mutter, die ihre Tochter einliefern wollte. Dabei redete sie mit zuckenden Augen und ruckartigen Kopfbewegungen: "Wissen Sie, Helga ist ja wirklich ein nettes Mädchen. Doch ich bin berufstätig, allein stehend, und da – ach, erst kürzlich fiel sie aus dem Fenster. Wissen Sie, wir wohnen ja Gott sei Dank im Erdgeschoss. Doch dann, wissen Sie, das Blut und alles – furchtbar! Ich komme nicht mehr dazu, wissen Sie ..." Dabei wiederholte sie sich mehrmals.

Die Krankenpflegerin, welche für Neuankömmlinge zuständig war, unterbrach diese nervöse Frau etwas verärgert: "Jaja! Ich weiß es jetzt schon."

"Aber die Kosten, wissen Sie – ich kann mir das nicht leisten. Ich verdiene nicht so viel. Wissen Sie, ich bin allein stehend ..."

"Ja, ich weiß es bereits! Dann müssen Sie sich an das Sozialamt wenden. Die werden Ihnen bestimmt helfen. Wir haben mehr solcherlei Fälle."

Natürlich, diese vielen Erfolge von Genesungsvorgängen, und nicht zuletzt durch den weltweiten Ruf, welches dieses Sanatorium bekam, ließen die Preise in die Höhe steigen.

6. Kapitel

Einmal wurde ein neunzehnjähriger junger Mann eingeliefert. Er war Vollwaise. Vom Gesicht her litt er nicht unter einem Downsyndrom, aber er war so behindert, dass er nicht reden konnte. Jedoch zu seiner zierlich kleinen Gestalt erschien sein Gesicht so jugendlich, dass man ihn für fünfzehn hielt. Er hinkte sehr stark, da sein rechtes Bein mit dem Knie nach innen gerichtet war. Aber das war es nicht alleine. Zu allem war er noch Nachtwandler. Aus diesem Grund wurde des Nachts sein Zimmer immer verschlossen gehalten. Nicht zuletzt hatte er auch die Gewohnheit, alles Mögliche zu küssen. Ob Krankenschwester oder Krankenpfleger – alle küsste er. Und wenn ihm kein Küsschen entgegengebracht wurde, fing er an zu lallen, und sein Kopf wackelte dabei hin und her. Und was den sonderbaren Strauch betraf, sobald man ihn hierfür hochhielt, damit er die Blätter betasten durfte, so küsste er diese mit den Zweigen in einem fort ab.

"Stellt euch nur mal vor", fing ein Krankenpfleger während einer Mittagspause zu berichten an, "während er mich im Stadtpark küsste und ich natürlich ihn ebenso küssen musste, kam ein Passant vorbei und sprach mich daraufhin an, ob ich ein Päderast wäre."

"Also, das mit seiner Küsserei geht mir auch auf die Nerven", sagte eine Kollegin.

Eines Tages war er, als es zum Schlafen ging, sehr unruhig. Er konnte nicht einschlafen. Eine Krankenpflegerin brachte ihm spätabends eine Schlaftablette und, es wurde endlich still in seinem Zimmer.

Diese Krankenpflegerin, welche in der Nacht die Aufsicht hatte, feierte mit anderen den Geburtstag eines Kollegen. Da wurde gelacht und getrunken bis spät in die Nacht hinein. Endlich, es war so gegen ein Uhr, legten sich alle schlafen, das ganze Personal – sie schliefen tief, sehr tief.

Die weit entfernte Uhr schlug gerade halb zwei nachts. Im ganzen Haus war es still geworden. Aber nach einigen Minuten – was geschah? Die Tür, wo dieser junge Mann war, öffnete sich.

Jene Krankenpflegerin, welche die Schlaftablette überbrachte, vergaß wohl aus lauter Feierlichkeiten, das Zimmer dieses jungen Mannes wieder abzuschließen.

Sein Schlafwandeln machte sich bemerkbar. Mit gespreizten Armen kam er heraus, ging humpelnd und doch fast schwebend einen langen Korridor entlang und kam auch so über eine Stiege herab, direkt auf den Haupteingang zu. Auch dieser – wohl aus lauter Feierlichkeiten – war nicht verschlossen.

Der junge Mann ging in den Park schnurstracks auf den sonderbaren Strauch zu, als ob ihn dazu etwas geleitet hätte. Er ließ sich dort unmittelbar auf den Boden nieder, ohne dass er es recht bemerkte. Jedoch er fror nicht, obwohl es ziemlich kalt bei diesen Herbsttagen war.

Nach und nach zog ein Wind auf. Weit entfernt leuchteten Blitze mit einem nachhaltigen leisen Donnern. Der Wind wurde immer heftiger, und so sehr, dass das ausladende Blattwerk des sonderbaren Strauches ziemlich hin- und herwogte. Dabei flackerte einmal ein Blitz so hell auf, dass das Gewächs aussah wie ein ungeheuerliches Gespenst, welches sich mit ausgreifenden Fangarmen aufbäumte. Hinzu kam noch dieser schwere Donner, der aber in der Ferne verhallte.

Dabei war das Rascheln dieser kleinen Blätter sehr merkwürdig. Denn es hörte sich nicht so an, als ob der Wind Herbstblätter durchtoben würde. Nein, ganz anders. Ähnlich, als ob man kleine Glasscherben zusammenfegen würde, und bei einer synästhetischen Betrachtung hörte es sich an, als ob daraus gläsern glitzernde und flirrende Töne erklangen.

Nach und nach verlor sich das Blitzen und Donnern in der Ferne, doch dafür fing es vom Himmel herab zu tröpfeln an. Und die Tropfen häuften sich mehr und mehr, so dass es zu regnen anfing – und wie!

Obwohl das ausgreifende Blattwerk den jungen Mann vor dem Regen schützte, wurde er dennoch durch das durchsickernde Wasser dabei so nass davon, dass er aus seinem Schlaf und Nachtwandeln erwachte. Mit beängstigendem Staunen sah er sich auf einem

Rasen niederkauernd, was er allerdings durch seine geistige Behinderung nicht so recht bemerken konnte. Wo befand er sich? – Was war das alles um ihn herum? Was war mit ihm geschehen? Und er? Wer war er? Allein, konnte er sich denn bei seiner geistigen Behinderung überhaupt klar darüber gewesen sein, dass er ein menschliches Wesen war?

Er versuchte, sich zu erheben – es gelang ihm nicht. Denn in einem fort kam aus ihm ein Wehklagen: "Ah! – Ah! – Ah!" Dabei berührte er sein rechtes Knie, das ihm starke Schmerzen bereitete, und wenn er sich nur etwas bewegte, wurden die Schmerzen noch schlimmer. Nichtsdestotrotz war es ihm bald danach, sein rechtes Bein unbedingt ausgestreckt haben zu wollen. Warum nur? Oder hat ihn dazu etwas gezwungen? Offensichtlich musste es so gewesen sein, denn mit aller Anstrengung versuchte er, es zu strecken. Aber was für Schmerzen nur! Dennoch, es gelang ihm, das Bein in eine gestreckte Haltung zu bringen. Doch nach wie vor tat es ihm sehr weh. Er konnte nicht aufstehen.

Auf einmal, was war das? So der Regen, wie heftig er auch war, bald nachließ, breitete sich ein kaum sichtbares Schimmern aus; direkt über der Stelle, wo er sich befand. Dieses Schimmern wurde etwas heller, jedoch blieb es kaum sichtbar. Ihm hingegen fiel das gar nicht auf, waren doch zum einen seine Schmerzen zu groß, und zum anderen, wie sollte ihm das klar werden können, wenn er sich über die umgebenden Dinge nicht ausrechend bewusst werden konnte.

Wieder fing er zu wehklagen an. Und zu den Schmerzen seines Knies, die ein bisschen nachließen, griff er sich alsbald mit beiden Händen an seinen Kopf, der ihm so schmerzte, als wollte in seinem Gehirn etwas platzen. Und zuallerletzt wurde ihm dabei so schwindelig, dass er nicht mehr zu erahnen vermochte, was oben und unten war.

Der Regen hörte bald gänzlich auf, und bis auf die Tropfen, die vereinzelt von dem Blattwerk herunterfielen, wurde es mehr und mehr still. Auch der Wind legte sich.

Nach und nach ließen auch die Schmerzen im Kopf etwas nach, und somit auch dieser entsetzliche Zustand, nicht mehr erkannt zu haben, was oben und unten ist. Er hatte sich wieder gefangen. Und was danach eintrat, schien ihm sehr merkwürdig zu sein. Ja, hatten sich die Sinne in ihm denn jetzt gedehnt –? Diese Einschränkung, die umgebenden Dinge nicht genügend erfassen zu können, war merklich verschwunden, wenn auch nicht völlig, aber immerhin so, dass er auf einmal den schwachen Lichtschein, der sich auf dem Boden ausbreitete, und ebenso den Schatten, den sein Körper dabei warf, mehr und mehr wahrnehmen konnte.

Alles um ihn herum sah furchtbar ungeheuerlich aus, noch dazu dieses geheimnisvoll leicht schimmernde violette Licht – entsetzlich! Jedoch in dem Augenblick als er nach oben blickte, um erkennen zu wollen, woher dieses leise Schimmern kam, verschwand dieses sogleich. Erneut blickte er auf den Boden und – wieder dieses furchtbar durchdringende Schimmern! Was war das nur? Außerdem erkannte er auch, was vorher nicht so der Fall war, dass alles um ihn herum in völlige Dunkelheit getaucht war.

Er ängstigte sich. Mit weit aufgerissenen Augen und hochgehobenen Schultern verschlangen sich auch seine Arme ineinander. Diese Dunkelheit, diese bedrohliche Dunkelheit um ihn – was war das?

Jedoch nicht nur diese undurchdringliche Dunkelheit mit diesem fürchterlichen violetten Schimmern machte ihm zu schaffen, sondern da tat sich noch etwas anderes hervor, etwas Merkwürdiges, ja äußerst Merkwürdiges. Denn trotzdem sich der Wind legte, und sich demnach die Bewegungen des Blattwerks beruhigten, hörte man dennoch bei vereinzelten Stellen dieses Rascheln, dieses glitzernd klingende und so flirrende Rascheln. Aber es bewegte sich nicht das geringste Lüftchen.

Peinigende Unruhe ergriff ihn, was wohl daran lag, dass er jetzt alles besser erkennen konnte, obwohl er sich noch nicht über alles vollends klar zu werden in der Lage war. Bald griff er sich auf seinen Hals, weil dieser ebenso zu schmerzen anfing.

Wieder gab er vor Schmerzen sein Lallen von sich. Aber was nun geschah, war fast zu viel für ihn. Zu seinem Lallen kamen andere Laute aus seinem Mund, mit denen er allerdings nichts anfangen konnte: "Das – ach – so weh!" Er erschrak, und es durchzuckte seinen Körper mit großem Staunen, mit entsetzlichem Staunen! Was hatte es nur mit diesen merkwürdigen Lauten, die über seine Lippen kamen, auf sich? Was sollte das bedeuten? Er griff nach seinem Mund in voller Angst. Wieder riss er seine Augen auf und betastete sich voll Staunen.

Das schwache und so geheimnisvolle leise Licht, das da strahlte, bemerkte er jetzt mehr und mehr. Er blickte wieder auf und sah nach oben, um zu erkennen, woher dieses Licht kam. Aber da verschwand es sogleich. Erneut kamen aus seinem Mund Laute, doch diesmal ganz andere: "Das Licht – das Licht – woher – woher?" Doch dieses erneute Sprechen war es nicht alleine, was ihn in regsames Staunen versetzte, sondern etwas anderes machte ihn geradezu rasend vor Neugier: dieser geheimnisvolle Schimmer eines Lichtes, das über ihm sein musste!

Schnell blickte er diesmal nach oben, als ob er es erhaschen wollte – vergebens. Alles um ihn wurde wieder dunkel. Verzweifelt senkte er seinen Blick auf den Boden. Aber da war es wieder – dieses violette leise Schimmern. Dazu, und das war nicht weniger verwirrend für ihn, vernahm er mehr und mehr dieses merkwürdig gläsern glitzernde und flirrende Rascheln, das sich immer wieder an vereinzelten Stellen ganz oben bei diesem Blattwerk breitmachte. Und dass dies mit einem üblichen Geräusch von raschelnden Blättern nichts mehr zu tun haben konnte, bemerkte sogar er, wenn es auch mit der Erfassung aller Dinge noch nicht so recht bestellt war.

Dieses gläsern klingende Geräusch kam mehr und mehr in eine höhere Tonlage, obwohl sich diese Blätter auf den ausladenden Ästen nicht bewegten. Was kann das nur sein?

Er ängstigte sich – und wie! Er versuchte, sich aufzurichten. Doch was ihm vorher nicht gelang – auf einmal schaffte er es. Wie war dies nur möglich?

Rührten etwa diese vorhergehenden Schmerzen von einem Heilvorgang her, den er nach wie vor nicht verstehen konnte? Ja, konnte ihm überhaupt bewusst werden, dass er vorher gar nicht so recht gehen konnte und seine Sinne noch ganz stumpf waren?

Eines jedoch war ihm völlig bewusst: Er wollte diesem ungeheuerlichen Geschehen so rasch wie möglich entfliehen. Auch diese violette Farbe des Lichtes, noch dazu umgeben von völliger Dunkelheit, unterstützte noch dieses so geheimnisvolle und fürchterliche Weben um ihn herum.

Er wollte sogar mit aller Gewalt aus diesem entsetzlichen Schimmer, der von oben kam, ausbrechen. Jedoch er war nicht fähig dazu. Hielt ihn denn etwas gefangen, was er nicht erahnen konnte?

Wohl hielt ihn auch die übermächtige Angst im Bann, nicht los-
laufen zu können. Nicht zuletzt war da dieses gläsern glitzernd flirrende Rascheln,
das sich bald so anhörte, als ob es eine Geisterstimme war, deren
Sprache man nicht verstehen konnte. Was war das nur?

Das alles war so furchtbar und geheimnisvoll, dass er aus lauter
Angst nicht wagte, auf dieses ausladende Blattwerk noch sehen zu
wollen, noch ein Aufschauen auf diesen violetten Schimmer zu
wagen. Nein, in allem, wenn er schon nicht weglaufen konnte, war
es ihm danach, am liebsten im Erdboden zu verschwinden, um
diesem fürchterlichen Ereignis endlich zu entfliehen. Aber selbst
wenn dies möglich wäre – wie nahm sich denn dieser Erdboden
mitsamt dem geheimnisvollen Schimmern nur aus?!

Wieder machte sich dieses gläsern glitzernde und flirrende Rascheln bemerkbar. Aber jetzt, was war das auf einmal? Aus diesem
Rascheln heraus kam aus diesen hohen Klängen eine zarte, kaum
hörbare Stimme: "Ich –." Es klang sehr lang gezogen und wiederholte sich: "Ich – ich – bin – bin – bei – dir – dir." Es hörte sich
an wie aus weiter Ferne und einem Echo gleich.

Er konnte diese Worte nicht verstehen, und wie sollte er auch –.

Alles um ihn herum war so furchtbar beängstigend, dass es kaum
auszuhalten war.

Er krampfte sich zusammen. Und wieder trat diese merkwürdig
zarte Stimme hervor, und jetzt war sie, wenn auch noch sehr leise,
etwas vernehmbarer als zuvor. Jedoch nach wie vor klang sie ebenso lang gezogen mit wiederholenden Worten: "Fürchte – dich –
nicht – nicht – nicht…"

Obwohl er diese Worte nicht verstehen konnte, war es ihm doch
so, als hätte er erahnen können, was diese Laute besagten. Auch
empfand er, durch das Zarte dieser Laute, und das war jetzt etwas
ganz Besonderes für ihn, eine Geborgenheit. Eine Geborgenheit
allerdings, die nicht ausreichte, seine große Angst zu vertreiben.
Mit beiden Händen langte er nach seinem Gesicht, als wollte er sich
verbergen. Erneut klang es ganz zart und leise aus diesem ungeheuerlichen Blattwerk: "In – in sieben – sieben – Monden – bei
Neumond – Neumond – wirst du – du – du dich – befreien – dich
befreien – und – mich – mich retten – retten – retten."

Was hatte das zu bedeuten? Auch hatte er keine Ahnung von den Begriffen wie 'Neumond' und 'befreien' sowie 'retten'; ebenso, was bedeutete 'sieben Monde' – ? Jedoch prägten sich diese Worte in ihn ein, ohne dass er dies bemerkte.

Der violette Schimmer entschwand allmählich. Auch schien es, dass diese zarte Stimme versiegte, denn dieses gläsern glitzernde und flirrende Rascheln hörte ebenso auf. Dafür trat eine Dunkelheit ein, die ihn ungeheuerlich umhüllte, und so sehr, dass er eine Einsamkeit, ja, eine Verlassenheit verspürte wie nie zuvor.

Jetzt, in dieser trostlosen Verlassenheit, da all diese Erscheinungen nicht mehr gegenwärtig waren, wünschte er sich sogar diesen violetten Schimmer herbei, was ihm zuvor so furchtbar erschien; nicht zuletzt auch diese schöne zarte Stimme, die ihn so sanft umhüllte, wie dies noch nie geschah.

Fassungslos und verzweifelt über dieses Entschwinden all dieser Erscheinungen griff er seine Beine an, seine Brust, sein Gesicht. Wie befand er sich? Wo war er? Wer war er selbst? Denn das zu verdauen, was hier so schwerlich zu verdauen galt, und noch dazu so schnell – es war zu viel. Zu viel auch für sein schwaches Bewusstsein über sich und all die Dinge, die ihn umgaben, bewusst werden zu können; obwohl er jetzt mehr erkennen konnte als zuvor. Aber dies reichte nicht aus, sich über sich selbst und auch über die Umgebung sich genügend klar werden zu können. Jedoch er konnte sich bewegen wie nie zuvor, und das Großartige dabei: er fühlte sich innerlich erhellt; wenngleich ihm nicht bewusst werden konnte, dass dies nur ein kleiner Anfang war, sich allem klar werden zu können.

Da fing er an zu gehen. Aber wohin? Er machte ein paar Schritte hin und her, in ständigen, wenn auch nur schwachen Gedanken über all das, was er erlebte. Alsbald ging er im Kreis. Wieder ging er hin und her.

Nach einer Weile hörte er entfernt Schritte, die immer näher kamen, doch nach und nach verschwanden. Was hatte das nur wieder zu bedeuten? Eine weitere Angst überfiel ihn. Was sollte er jetzt tun –? Ängstlich und bedrückt blickte er um sich; doch was schon konnte er bei dieser kaum durchdringenden Dunkelheit erkennen? Wieder diese Schritte. Diesmal kamen sie näher. Es war ein Mann, der vor sich hin murmelte: "Diese blöde Kuh, zu dumm für einen Nachtdienst. Der werde ich morgen was erzählen! Dieses verdammte Weibsstück! ..."

Der junge Mann versuchte wegzulaufen, was ihm allerdings durch erste Gehversuche nicht recht gelang.

"He!", rief ihm der heraneilende Mann nach. "Bleib stehen!" Und dabei war er nicht wenig erstaunt, dass er den Nachtwandler auf einmal in üblicher Weise gehen sah. Völlig fassungslos entgegnete er diesem: "Ja, sag mal, was ist denn mit dir geschehen?! Jetzt schlägt's aber dreizehn! Du hast doch immer gehumpelt! Das gibt's doch nicht!"

Der Junge sah ihn betroffen an, und als sich dieser für ihn so fremde Mann versichern wollte, ob dies auch wirklich jener ist, den er suchte, sah er sich das Gesicht des jungen Mannes näher an: "Ja-ja, du bist schon der. Komm, jetzt kriegst du erst mal ein Küsschen, und dann gehen wir schleunigst heim." Aber als er diesen Jungen anfasste, um ihm ein Küsschen geben zu wollen, wich dieser er-schrocken zurück: "Ah! – Nein! – Nein!"

"He! Was ist denn los mit dir? Du willst doch immer ein Küsschen haben und, reden – kannst du auch?! Reden –?! Das, das gibt's doch nicht! – Ein Wahnsinn! Ein heller Wahnsinn!"

Voller Furcht und Entsetzen sah ihn der Junge an. Zu ungeheuerlich erschien ihm dieser Mann. Außerdem, was wollte dieser eigentlich?

Schon packte der Mann diesen Jungen am Arm, um ihn mit sich zu nehmen. Aber da stieß ihn der Junge auf einmal verächtlich von sich. Und der Mann war nicht wenig überrascht darüber: "Du! Mach mir ja keine Schwierigkeiten! Du kommst jetzt sofort mit! Ist das klar?!" Und schon griff er ihn grob mit seinen starken Händen an und führte ihn ins Sanatorium. Der junge Mann jedoch zitterte vor Angst und konnte kaum noch gehen.

7. Kapitel

Am nächsten Morgen waren große Aufregungen wegen des jungen Mannes. Denn nun war es offensichtlich, dass da mit ihm etwas Besonderes geschah, das außerhalb allem lag, was man sich nur vorstellen konnte. Selbst die großsprecherische Krankenpflegerschaft war sich mit den Ärzten sowie Psychotherapeuten einig, dass etwas vorliegen musste, das nicht durch ihre Methoden geschah; wie immer sie sich damit auch abgemüht hatten.

So wurde dieser junge Mann erst mal körperlich untersucht: Das Blut wurde ihm abgenommen, der Puls gemessen, der Urin analysiert und so weiter. Nicht zuallerletzt wurden zahlreiche Röntgenogramme erstellt.

Abends dann, als es ins Bett ging, verschloss man seine Tür. Er jedoch hämmerte so sehr auf diese Tür, dass man glaubte, sie würde bald kaputtgehen. "Nicht! – Nicht!", schrie er mehrmals. Alsbald rief er: "Ich – weh! – Weh!"

Man wusste sich keinen Rat, schließlich musste die Tür verschlossen bleiben. Aber da kam schon ein Krankenpfleger herbeigeeilt, der rasch die Tür öffnete und mit einem kräftigen Schritt eintrat. Er war noch dazu derselbe, der den Nachtwandler im Stadtpark aufgefunden hatte. Und als der junge Mann ihn sah, riss er seine Augen vor Angst weit auf und schrie: "Ahaa!– Ahaa!– Nein! – Ahaa!" Und das kam so laut von ihm, dass andere herbeikamen. Eine Krankenpflegerin wollte ihm eine Schlaftablette verabreichen, was aber eine andere strikt missbilligte.

Endlich ließen sie ihn alleine, und die Tür – geöffnet! Gleich daneben in einem kleinen Raum machte das Pflegepersonal unter sich aus, was wohl das Beste für diesen Sonderling wäre. Zuletzt schlug ein Krankenpfleger vor, ihm bei der geöffneten Tür ein nasses Handtuch hinzulegen, weil Nachtwandler durch Nässe aufwachen. "Und du", damit meinte er eine Kollegin neben sich, "gehst heute bei deinem Nachtdienst auf den Korridor, um Wache zu schieben."

Unter ihnen sagte ein Krankenpfleger gedankenvoll: "Dass sich der jetzt überhaupt eingesperrt fühlen kann – merkwürdig. Das war doch früher nicht der Fall. Merkwürdig."

"Da ist mehr merkwürdig" bekam er schroff zur Antwort.

So wurde auch für den nächsten Tag eine Sonderbesprechung angesetzt, um eine Erklärung für all diese Veränderungen des Nachtwandlers zu finden.

Nun, hatte man ihn körperlich untersucht, bis dorthin, als ob man ihn am liebsten zerlegt vor sich haben wollte, so war man nun daauf aus, ihn alsbald psychoanalytisch bis in alle Winkel hinein zu zerpflücken.

Am nächsten Morgen nach dem Frühstücken ging's wie üblich zuerst zum Stadtpark, um für die Behinderten Bewegung zu schaffen. Und als die Gruppe mit dem Nachtwandler zurückkam, führte man diesen in den großen Besprechungsraum. Man wies ihn auf einen Stuhl, der sich verloren vor einer großen Schultafel befand. Zittrig setze er sich und sperrte geängstigt seine Augen auf, denn vor ihm waren einige Tische, hinter denen sich fast der ganze Stab des Sanatoriums angesammelt hatte.

Sein Atmen verlief sehr kurz, und voller Aufregung konnte er kaum sprechen. Ganz zitternd sagte er: "Ich – Angst! – Angst!"

"Aber mein Lieber", schmeichelte ein Psychotherapeut mit ölig schmalziger Stimme, "du brauchst dich vor uns nicht zu fürchten. Schau nur! Alle die Leute um dich herum wollen dir helfen, dir Gutes tun. Das muss doch eine Ehre für dich sein, eine Freude!"

"Ich – Angst! – Angst!", kam's von ihm erneut mit zitternder Stimme. Dazu krümmten sich seine Lippen, die etwas zu beben anfingen, auch die Augen wurden immer kleiner und kleiner, und sie wurden so feucht, dass ein Heulen nicht ausbleiben konnte.

Der Psychotherapeut fing wieder zu schmeicheln an: "Du musst dich nicht fürchten! Schau, alle sind gekommen, nur wegen dir. Schau nur, wie viele dich lieben! So viel Liebe, die du bekommst – ist das nicht ein Glück! Ich bekomme nicht so viel Liebe." Dann, als er sich erhob, um auf den jungen Mann zuzugehen, stand dieser auf und rannte zur Tür. Flugs war dieser Therapeut dabei, ihn an einem Arm festzuhalten.

Der Direktor schimpfte: "Das hab ich mir doch gleich gedacht, dass das nicht gut gehen kann, wenn so viele Leute um ihn herum sind! Führen Sie ihn ins Nebenzimmer. Doch vergessen Sie nicht, das Mikrofon einzuschalten!"

Der Psychotherapeut – ganz verstört – erwiderte unsicher und stotternd: "Er, er versteht nicht, was ich sage. Hier liegt, liegt das Problem." Und als er mit ihm im Nebenzimmer anlangte, meinte dieser mit seiner ölig schmalzigen Stimme: "Schau mal, da legst du dich jetzt auf das Bett und entspannst dich erst mal." Währenddessen hantierte er ungeschickt an einem Schalter unter dem Tisch herum. Jedoch dem jungen Mann hingegen war es nicht zum Hinlegen, und wie sollte ihm danach sein, wenn er vor lauter Angst am ganzen Körper bebte.

Der Psychotherapeut versuchte, ihn wenigstens sitzend auf das Bett zu bekommen. Dabei nahm er sich einen Stuhl: "Schau mal, wenn du dich nicht hinlegen magst, können wir auch reden. Kannst du mich verstehen?" Doch der junge Mann fasste sich nervös an die Brust: "Ich – weh, so weh! – Angst!"

"Aber es ist doch niemand da, der etwas Böses tut. Verstehst du mich? Ich bin doch dein Onkel. Und dein Onkel liebt dich. Schau nur, dem Onkel kannst du alles erzählen, wie du zum Sprechen kamst. Du kannst es mir auch deuten. Verstehst du mich, was ich sage?"

"Ah! – Ah!", kam's von dem jungen Mann ganz aufgeregt. "Ich – ich – !", weiterreden konnte er nicht, so dass er auf die Tür zeigte.

"Ja, schau nur, wo willst du denn hin? Willst du mit deinem Onkel nicht sprechen? Willst du auf dein Zimmer? Dann können wir auch dort hingehen."

Da öffnete sich die Tür. Die Oberschwester Maria trat herein. Sie war bekannt dafür, sehr energisch zu sein, doch sie war ebenso äußerst weichherzig; fast wie bei vielen Menschen, die ihre Gefühle mit einer rauen Schale verbergen. Sie forderte den Therapeuten auf: "Gehen Sie bitte mit ihm auf sein Zimmer und lassen Sie – um Himmels willen! – die Tür geöffnet! Türen müssen für ihn geöffnet bleiben!"

Der Psychotherapeut sah sie daraufhin verärgert an: "Mein Gott! Wie Sie meinen. Oder gehen Sie doch mit ihm in sein Zimmer, wenn Sie glauben, es besser machen zu können! Übernehmen Sie doch das Ganze!"

In diesem Zimmer des jungen Mannes machte diese Ober-schwester etwas mit ihm, was sonst niemandem so recht einfallen wollte. Sie streichelte ihn; sie streichelte ihn in wahrhafter Zuneigung. Und dieses Streicheln war ganz anders als bei jenen, die ihn sonst nur mit kleinen Tätscheleien trösten wollten.

Sie umarmte seine Schultern etwas und zeigte auf einen Stuhl, da-mit er sich dort niederlassen sollte. Sie sprach kein Wort mit ihm, und sie wusste auch warum. Bald darauf streichelte sie seinen Kopf und auch seine Schenkel ganz zart. Der junge Mann beruhigte sich dabei und sah sie erstaunt an. Wieder streichelte sie seinen Kopf. Und bald darauf umfasste er ihre Hüfte und sein Kopf drückte sich auf ihren Bauch.

Währenddessen ging's im Besprechungszimmer hoch her. Man beschimpfte sich gegenseitig, und bald war man über dies und das argwöhnisch. Hingegen die Oberschwester, welche den jungen Mann so mitfühlend streichelte, wurde für diesen zum Angelpunkt, zum Anker seines Lebens. Und gab es hinterher, wie auch die Tage vergingen, irgendwelche Schwierigkeiten mit diesem Nachtwand-ler, so rief man die Oberschwester Maria herbei. Allein schon ihre Anwesenheit konnte beruhigen und schlichten.

Für einen Krankenpfleger allerdings war Realität nicht nur darauf beschränkt, lediglich das augenscheinlich Ergreifbare für wirklich zu halten, sondern er sah eine Realität auch darin, die darüber hinaus-ging. So ließ ihn jener Umstand nicht los, warum so viele von einem violetten Lichtschein träumten. Das ließ ihn nie so recht zur Ruhe kommen, so dass er es sich nicht nehmen lassen wollte, dort unterhalb des Strauches einmal zu übernachten.

Früh morgens erwachte er auf einer sehr dünnen Matte. Es war gegen fünf Uhr – keine Spur von einem violetten Licht; weder gesehen hatte er es noch geträumt davon. Dagegen sah er weit entfernt ein Auto herankommen, obwohl es verboten war, die. Gehwege mit Fahrzeugen zu benutzen. Es war eine dunkelblaue Limousine, die vor ihm anhielt. Heraus stiegen ziemlich düstere Gestalten – drei Männer waren es. Was konnte das nur zu bedeuten haben?

Einer diese Männer ging ganz lässig auf ihn zu und zeigte ihm, soweit dies in der Morgendämmerung erkennbar war, eine kleine Plakette, bei der über einem Wappen draufstand 'Kriminalpolizei'.

"Haben Sie kein Bett zu Hause? Oder was? Warum haben Sie hier übernachtet?"

Der Krankenpfleger stotterte herum: "Es ging um einen, einen Traum. Ja, um einen Traum, den ich erforschen musste, erforschen sollte ..." Da unterbrach ihn gleich ein anderer der Herren: "Passen Sie mal auf, wenn Sie uns dumm kommen wollen, können Sie gleich mit uns fahren. Ist das klar?!"

"Ach – n-n-nein, nein. Denn dieser Traum, wissen Sie, das war so und ..." Und er versuchte in einem fort klar zu machen, warum er hier schlief. Aber da er sich vor Aufregung nicht recht ausdrücken konnte, unterbrach ihn bei seinen Ausführungen jener Mann, der ihm die kleine Plakette zeigte; schließlich wollte man erst mal seinen Namen erfahren. Dieser Kriminalbeamte ging ins Auto zurück, um von der Zentrale Auskünfte zu erhalten. Dabei war die Wagentür geöffnet, so dass man ihn, wenn auch kaum vernehmbar, telefonieren hörte: "Ach so – im Sanatorium – ja – aha – na ja – Behinderter – ein Verrückter also." Hinterher ging er zu seinem Kollegen und sagte diesem leise ins Ohr: "Ein Geistesgestörter vom Sanatorium." Daraufhin ging jener mit dieser gesonderten Information auf den Krankenpfleger zu: "So, jetzt gehen wir erst mal schön ins Auto rein." Und während er ihm die Wagentür öffnete, sagte er fordernd: "Steigen Sie schon ein!"

"N-n-nein. Ich muss, muss zum Sanatorium – da drüben!"

"Ja, da fahren wir Sie auch hin. Das wird höchste Zeit für Sie!"

"A-a-aber das sind nur so zweihundert Meter."

"Wegen Ihnen legen wir keinen Wandertag ein. Kommen Sie schon! Steigen Sie ein!"

Beim Sanatorium wurde er dann buchstäblich abgeliefert – ordnungsgemäß. Anschließend, als sich ein Kriminalbeamter beim Pförtner verabschiedet hatte, rief er diesem noch nach: "Nächstes Mal müssen S' vorsichtiger sein, damit Ihnen nicht wieder so einer entwischt." Dabei machte er mit seiner flachen Hand Kreisbewegungen vor seiner Stirne. "Haben wir uns verstanden?!"

Der Pförtner ganz erstaunt, sah diesen Männern mit dem Auto noch lange nach – lange.

Jedoch wie auch immer sich verschiedene Geschehnisse im Sanatorium ereigneten oder von diesem ausgingen, war dieser junge Mann, dieser Nachtwandler, der Mittelpunkt. Mit allen raffinierten

Mitteln versuchte man durch verschiedenes Ausfragen auf die Geheimnisse seiner raschen Genesung zu stoßen – vergebens.

Hinzu kam auch noch, dass er sehr schnell lernte, sehr schnell. Ebenso wurde sein Körper durch gymnastische Übungen mehr und mehr beweglicher. Auch die Bücher, welche man ihm gab, um das Lesen zu erlernen, interessierten ihn sehr. Es waren Kinderbücher, die mit großen Buchstaben von Märchen erzählten. So etwas gefiel ihm sehr gut.

Eines Tages, als es nach dem Spazierengehen wieder einmal in die Lehrstube ging, fragte er jene Schwester, die ihm im Lesen Unterricht erteilte: "Was heißt *'Monde'*? Und *'Neumond'*?"

"Wo hast du denn das her?", fragte die Schwester erstaunt. "Stand so ein Wort in den Büchern, welche ich dir gab?"

"Weiß nicht." Dann lachte er etwas: "Vielleicht nur geträumt."

Einmal, als er mit jenem Psychotherapeuten wieder zusammenkam, der ihn nun mal ausgequetscht vor sich haben wollte, sagte dieser beiläufig: "Weißt du, wir wollen dich ja retten, dass du endlich befreit bist von all den Hindernissen. Verstehst du mich? Verstehst du, was *'retten'* heißt?"

Daraufhin sperre der junge Mann mit vollem Staunen seine Augen weit auf.

Der Psychotherapeut war darüber sehr verblüfft: "Was hast du jetzt?"

Dieser junge Mann zögerte mit seiner Antwort: "N-n-nichts. Nichts."

"Merkwürdig –. Aber sag schon, was versetzt dich in so ein Staunen?"

Der junge Mann hatte sich wieder gefangen und fragte in sich gehalten: "Was heißt *'retten'* und *'befreit'*?"

Der Therapeut sah ihn immer noch etwas zweifelnd an, doch dann erklärte er mit umschreibenden Worten, was diese Begriffe bedeuten.

Am nächsten Morgen fielen die Blicke des jungen Mannes zufällig auf ein Bild im Frühstücksraum. Es stellte den sonderbaren Strauch dar. Wie gebannt sah er darauf, und es war gerade so, als wollte dieses Bild etwas von sich geben, etwas mitteilen. Die Krankenpflegerin neben ihm, welche mit ihm das Frühstück einnahm, fragte erstaunt: "Sag mal, was guckst du denn? Iss doch endlich weiter!"

Der junge Mann hingegen sah gedankenvoll drein, und auch wegen der Worte, welche er mit dem Therapeuten besprach, murmelte er vor sich hin: "Jetzt weiß ich –. Ja, jetzt weiß ich."

"Was weißt du? Sag schon, was weißt du jetzt?"

"Ich kann jetzt nichts mehr essen." Schon legte er das Besteck zur Seite. Währenddessen kam gerade jener Therapeut, der ihn immer durchforschte, um die Ecke. Die Krankenpflegerin ging auf ihn gleich zu und redete mit ihm, wobei sie auf den jungen Mann deutete.

Da kam er auch schon her und setzte sich neben dem jungen Mann an den Tisch: "Na! Guten Morgen! Ich habe gehört, dass du etwas weißt. Lass es uns doch auch wissen. Was weißt du denn? Wenn du es uns sagst, können wir dir helfen, verstehst du –."

Der junge Mann sah ihn verstört an und zögerte erst einmal, bevor er fragte: "Wann? – Seit wann kann ich sprechen?"

"Heu! Du lieber Himmel!", entgegnete der Psychotherapeut verblüfft. "Wie kommt das denn, dass du auf einmal wissen möchtest, wann du das Sprechen erlerntest?"

"Weiß nicht, weiß nicht", erwiderte der junge Mann ganz nervös.

Nun, da dieser junge Mann danach fragte, wie er zum Sprechen kam, so wurde diese Frage für den Therapeuten ebenso interessant. Gleich suchte er nachdenklich in seinem kleinen Köfferchen nach einem Notizbuch. "Das kann ich dir gleich sagen. Warte mal, das war ..." Und während er in diesem Büchlein, worin viel aufgelistet war, blätterte und mit dem Zeigefinger einzelne Stellen abgriff, sagte er: "Aha! Da haben wir es! Am 27. November bist du nachts im Stadtpark gewesen. Ja, und dann muss man noch ein paar Wochen dazurechnen. Ja, so waren es bis heute knapp vier Monate. Aber sag mal, wie kommst du auf diese Frage, wann du das Sprechen erlerntest?"

"Nein – nicht wieder! – Nicht wieder!", erwiderte der so Angesprochene ganz nervös. Und er bekam so schreckliche Angst beim Anblick des Therapeuten, dass er aufstand und sagte: "Ich geh in mein Zimmer! Ich geh ..." Und als er ging, wollte ihm die Krankenpflegerin nachlaufen. Jedoch der Therapeut hielt sie am Arm fest: "Lassen Sie mal! Wir müssen das alles sehr vorsichtig angehen. Gerade jetzt, da wir ihn besser in der Hand haben als zuvor, dürfen wir uns keine Schnitzer erlauben. In allem, wie ich schon sagte, müssen wir darauf bedacht sein, dass er anfängt, uns zu lieben."

"Der liebt doch nur die Oberschwester. Übrigens, so denke ich, müssten Sie mal mit ihr reden!"

"Ach was, die liebt ihn, und weiß nicht mal warum. Die, also wissen Sie – nein, ich möchte darüber nicht reden. Nein, nein. Warten Sie nur mal ab! Auch werde ich aus ihm so manches herauskitzeln. Das gelingt mir auch."

Jedoch diesem Therapeuten gelang nichts, auch konnte er nichts herauskitzeln, was dieser junge Mann auf einmal wissen sollte. Denn nach ungefähr fünf Monaten ging in diesem jungen Mann etwas Erstaunliches vor, was bei keinem der geheilten Patienten hervorstach. Es eröffnete sich in ihm eine besondere Sicht. Ein Bewusstwerden darüber, dass er für all jene, die Behinderte pflegten und lehrten, auch noch etwas anderes war, nämlich eine Versuchsperson. Aus diesem Ärger darüber fing er sogar manchmal damit an, die Therapeuten hinters Licht zu führen. Er wurde sehr intelligent, was er sich aber nicht ansehen ließ. Denn einmal, als eine Krankenpflegerin mit einer Tasse Tee in sein Zimmer kam, sah sie, wie er sich mit einem Kalender beschäftigte. "Verstehst du denn alles in einem Kalender?"

"Nein, nicht alles", gab er vor. Und als diese Schwester gegangen war, dachte er: Wenn ich nur rauskäme von hier! Ich muss raus, raus! In sieben Monden sollte das sein. Und wenn ich im November – wie sagte der Therapeut? – am 27. nachts im Park war, dann muss also der siebte Neumondstag ..., wobei er mit seinem Zeigefinger auf dem Kalender aufgeregt hin- und herfuhr – . Ja, am fünften Juni muss es sein! Und heute ist – ja, genau ...

Gegenüber einer Person allerdings hatte er großen Respekt, und das war die Oberschwester Maria, die ihn sehr liebte und auch verstand. Denn als sie ihn einmal wieder mehrmals am Kopf streichelte, sagte sie: "Du bist ein ganz lieber Kerl, ein guter Kerl, das sehe ich."

"Sie auch", erwiderte er begeistert und drückte sich an sie. Und als er von der Umarmung losließ, lächelte er erfreut, und die Oberschwester, während sie ihn vor Staunen leicht kopfschüttelnd ansah, sagte: "Mein lieber Junge, wenn du lachst, dann kommt's mir vor, als strahle die Sonne aus dir."

8. Kapitel

Es war ein so heißer Sommertag, dass die Luft geradezu flirrte. Nie zuvor, selbst wenn man viele Jahre zurückblicken wollte, hatte man Ähnliches erlebt. Über der ganzen Stadt breitete sich eine kaum zu ertragende Schwüle aus. Schwer und feucht war die Luft, und nicht das geringste Lüftchen wehte, um wenigstens etwas Linderung zu schaffen. Vielen machte dies zu schaffen. Der Großteil der Bevölkerung fiel in Müdigkeit und Schlappheit; und davon waren auch jene, die sich im Sanatorium aufhielten, ziemlich betroffen.

Am frühen Abend dann, die Turmuhr hatte gerade sechs geschlagen, hatte es den Anschein, dass doch noch eine Abfrischung kommen sollte.

"Wenn's nur mal regnen würde! Diese Wahnsinnshitze!", sagte ein junger Mann zu seinem Freund. Beide saßen auf einer Bank im Stadtpark. Sein Freund nickte ihm zu und erwiderte: "Vielleicht kommt diesmal ein Gewitter."

"Ach, das hat vor paar Tagen ebenso ausgesehen danach. Und nichts wurde draus –. Selbst wenn ich mir Bäume ansehe. Die dürsten doch geradezu nach Wasser."

"Was du nur wieder alles hineinsiehst! Das kannst du doch gar nicht erkennen, ob die Bäume dürsten."

"Ich weiß, du meinst, ich hole mir dies nur aus meinen Vorstellungen. Aber all die Pflanzen – das ist doch nicht nur organisches Material! Da ist doch Leben drin. Fühlst du das nicht? Du bestehst ja auch nicht nur aus Organismen. Dir ist doch ebenso Leben eingehaucht worden. Und das Leben, was in dir wirkt, sind nicht nur deine organischen …" Da wurde er gleich unterbrochen, denn sein Freund sah hinter ihm weit entfernt ein helles Aufleuchten: "He! Rechts neben dir leuchtete ein Blitz auf!"

Nach einer Weile vernahmen sie ein leises Dröhnen: "Wird doch nicht sein, dass heute noch ein Gewitter kommt. Oder es war nur ein Wetterleuchten."

"Wetterleuchten? Du spinnst wohl! Wetterleuchten mit Donner? Das ist typisch für dich, weil du in einem fort in alle Dinge hineinsiehst."

"Mein Lieber, ich sehe heraus! Heraus! Nicht hinein! Denn ..." Wieder unterbrach ihn sein Freund: "Hast das gesehen?! Schon wieder! – Mensch! Schau doch in diese Richtung!" Erneut hörten sie nach einer Weile ein Dröhnen, was diesmal wesentlich vernehmlicher war.

"Du magst recht haben, ein frisches Lüftchen kommt auch auf. Doch es riecht nicht nach Regen."

"Also wenn das ein sogenanntes trockenes Gewitter wird, da möchte ich lieber zu Hause sein. Du weißt, so etwas ist sehr gefährlich!" Und aus diesem Lüftchen wurde bald ein ziemlich starkes Wehen.

"Komm, lass uns gehen!"

Wieder weitab blitzte es. Und diesmal ließ der Donner hinterher nicht so lange auf sich warten. Auch grollte er nachhaltiger und stärker als zuvor.

Der Wind wurde immer heftiger, und nach und nach wehte es um und um so sehr, dass sich ein orkanartiger Sturm entwickelte. Die Bäume schwankten mit aller Gewalt so hin und her, als würde irgendeiner von ihnen bald knicken. Doch es regnete nicht. Und, obwohl die Sonne noch vor einer Stunde schien, wurde alles ringsumher in eine dunkelgraue Farbe getaucht, die sich zusehends mehr und mehr verdichtete, bis hin zu einer Dunkelheit, als ob gleich die Nacht hereinbrechen würde. Weit entfernt sah man kleine Blitze aufflackern, doch der Donner hinterher klang in sehr tiefen und ausladenden Tönen. Die ganze Szenerie breitete sich so mächtig aus, dass alles einem Vorspiel glich; einem Vorspiel zu einem ungeheuerlichen Drama.

Im Sanatorium hörte man jemanden schreien: "Macht doch die Fenster endlich zu! Alle! Verdammt noch mal!"

Plötzlich leuchtete ein Blitz über der Stadt auf, ganz grell! Ein knallender Donner erschallte, der so schepperte, als ob es irgendwo eingeschlagen hätte. Selbst die Fenster im Sanatorium fingen dabei zu klirren an.

Bald darauf folgte ein Hagel, mit so großen Körnern, wie man dies noch nie erlebte. Mit voller Wucht prasselten die rasenden Eisbrocken auf das Sanatorium. Das hämmernde Scheppern an den Fenstern war so laut, dass man glaubte, es würde bald eine Fensterscheibe einbrechen. Immer lauter wurde dieses Hämmern. Plötzlich: Ein Fenster brach durch!

Das Personal rannte hin und her – voller Aufregung. Was war das nur für ein entsetzliches Unwetter! All dem, was hierbei so schnell noch zu erledigen war, kam man gar nicht nach. Jeder hatte ein gereiztes Verhalten. Bald schrie man sich gegenseitig an, dass schnellstens dies und jenes zu tun sei. Jedoch in einem Korridor entlang sah man zwei Behinderte, die dennoch ziemlich fröhlich zu sein schienen: "Ich mag dich gern", hörte man einen der beiden Jungen erfreut sagen, und der andere erwiderte ebenso heiter: "Ich hab dich auch sehr lieb."

"Heute ist es schön."

"Ich fühle mich so richtig stark. Du auch?"

"Ja, mir ist's ganz anders."

Da hörte man den Direktor schreien: "Herrgott noch mal! Sperrt doch endlich diese Jungen ein!"

"Aber der Nachtwandler?! – Der Nachtwandler?!", rief eine Krankenpflegerin verzweifelt.

"Den sperrt auch ein! Und wenn er tausendmal an die Tür hämmert! Verdammt noch mal!"

Der Nachtwandler saß bei diesem entsetzlichen Wüten des Unwetters in seinem Zimmer auf dem Bett; voller Angst, ganz in sich gekehrt mit verschränkten Beinen. Zufällig fiel sein Blick auf den Kalender, der neben ihm lag. Mit weit aufgerissenen Augen staunte er, und dachte: Oh Gott! Heute ist ja der fünfte Juni! Da sollte ich mich befreien? Eine zarte Geisterstimme retten? – Das ist doch Unsinn! Bei diesem Wetter?! Nein, da hab ich mich mit der Zeit vertan. Wieder blickte er auf den Kalender, und diesmal nahm er ihn vor Staunen zu sich: Ha! Heute ist Neumond! Dann stimmt das also doch – !

Plötzlich, direkt über dem Sanatorium: ein furchtbar grelles zuckendes Aufflackern; verbunden mit einem schweren Donner, der mit seinem blechernen Knall durch das ganze Gebäude hallte und alles erzittern ließ. Und gerade als in diesem Moment der Direktor auf eine Balkontür zuging, fiel das Glas dieser Tür in Scherben.

Bald kam eine Krankenpflegerin – voller Aufregung außer Atem: "Herr Direktor, hinten – Herr Direktor – hinten …" Sie konnte vor lauter Erregtheit nicht reden. Auch die Luft blieb ihr durch das rasche Laufen weg.

"Was: hinten?! – Zum Donnerwetter!"

"Ach, Herr Direktor, sagen Sie doch – sagen Sie doch nicht so was – Herr Direktor – Donnerwetter – haben – haben wir genug!"

"Ja, was denn: hinten? Sagen Sie schon!"

"Hinten im B-Trakt hat der Blitz eingeschlagen! Eine Wand – eine Wand – ganz gespalten! Türen fielen aus den Angeln! Herr Direktor –!"

"Das gibt's doch nicht! Herrgott noch mal! Wir haben doch Blitzableiter! Zum Donnerwetter!" Und während sie zum B-Trakt eilten, sah ihn die Schwester groß und ängstlich an: "Allerdings, gegen Donnerwetter sind wir durch Blitzableiter geschützt. Aber schwören Sie mit Ihren Aussagen nicht noch mehr böse Geister herbei!" …

Für den Nachtwandler war es nun leicht zu entkommen. Seine Tür, die geöffnet war, hing windschief im Türrahmen. Und als er unten beim Haupteingang ankam, war es auch ein Leichtes für ihn, endlich seinen Wunsch, aus dem Sanatorium entfliehen zu können, erfüllt zu sehen. Doch erst mal musste er über viele Scherben laufen – aber wohin? Etwa zum sonderbaren Strauch? Bei diesem Unwetter?! Aber diese zarte Stimme kam ja von diesem Strauch, und mit diesem fühlte er sich nun mal verbunden.

Das Hageln ließ Gott sei Dank nach, doch nach wie vor stürmte es – orkanartig!

Der junge Mann, mit seiner umhängenden Tragetasche, worin er manche Habseligkeiten mitnahm und ebenso mit einem Regenschirm ausgerüstet, versuchte den Strauch zu erreichen. Der Regenschirm wurde allerdings durch den heftigen Sturm bald zerfetzt. Trotzdem stemmte er sich gegen diesen heftigen Wind und ging weiter. Endlich, nach vielen Schritten sah er ihn in weiter Entfernung – den Strauch! Das ausladende Blattwerk wogte fürchterlich, als sei der sonderbare Strauch zu einem Ungetüm geworden.

Doch kurz bevor er ankam – plötzlich ein vehementer Blitz knallte – direkt in den Strauch! Dieses Aufflackern war so grell, dass der junge Mann erst mal ganz geblendet davon sich seine Augen zuhielt.

Allmählich, als er wieder aufsah – er zuckte vor Schreck zusammen. Der Strauch – er brannte – lichterloh!

Schreckliche Angst befiel den jungen Mann, und er dachte: Mein Gott! Das darf doch nicht wahr sein. Das gibt's doch nicht! Was sollte ich da noch retten?! – Nein, ich träume – . Er ging näher heran. Doch was musste er sehen? Inmitten des brennenden Strauches stand ein Mädchen, weiß gekleidet – von Flammen umgeben.

"He!", rief er ganz laut. "Renn doch weg! Spinnst du?! Du verbrennst doch, wenn du nicht wegläufst! Mein Gott! Renn doch weg! Komm! Komm zu mir!" Jedoch das Mädchen blieb wie angewachsen stehen.

Ich kann das nicht mit ansehen, sagte er sich, und schon lief er durch die Flammen, direkt auf das Mädchen zu. Jedoch was er sah – war das überhaupt ein Mädchen oder nur eine Puppe? Nichts bewegte sich an diesem Körper, und ebenso nicht der Kopf. Auch der Blick – starr geradeaus gerichtet. Und als er diese Puppe anfasste – alles war ganz kalt an ihr!

Ach, so dachte er, du bist doch nur eine Puppe. Aber selbst als solche – du bist zu schön, als dass ich dich hier verbrennen lassen könnte. Schon nahm er sie in seine Arme und hob sie hoch. Er erschrak von Neuem: "Mensch! Du wiegst ja kaum was!", murmelte er vor sich hin. "Aber erst mal schnell weg, schnell weg von hier!"

Er lief, sie auf seinen Armen tragend, durch das Feuer hindurch, bis er auf einen langen Weg kam. Er rannte, so schnell als er nur konnte. Endlich sah er eine Möglichkeit, einen Unterschlupf zu finden; konnte er doch weit entfernt auf einer ausgedehnten unbepflanzten Wiese eine Scheune erblicken.

Dort schließlich angelangt, und so steif diese Puppe nun mal war, lehnte er sie an die Wand der Scheune. Daneben war eine Tür – versperrt. Er jedoch, kurz entschlossen, versuchte mit aller Kraft seines Köpers, diese Tür einzurennen. Mit genügend Abstand rannte er drauflos – es gelang!

In dieser Scheune lagen viele Geräte herum, die wohl zur Bestellung des Parks gehörten. Draußen, etwas entfernt von dieser Hütte, befand sich glücklicherweise eine Straßenlaterne, sodass diese gerade noch genügend Licht spendete, um in der Scheune alles herum – wenn auch nur schwach – erkennen zu können.

Die Puppe nahm er mit hinein. Vorsichtig legte er sie auf eine Holzbank, damit sie durch die hochgestellte Lage nicht umfallen konnte. Er selbst nahm sich einen Hocker und sah sie in einem fort nachdenklich an. Und als er bemerkte, dass das weiße Kleid nicht im Geringsten versengt war – wie konnte das bei diesen lodernden Flammen der herabgefallenen Äste möglich sein?

Sein Wunsch, endlich aus dem Sanatorium entflohen zu sein, erfüllte sich zwar. Aber da tat sich etwas ganz anderes auf, etwas Schreckliches; fühlte er doch auf einmal eine völlige Verlassenheit.

Nach einer Weile, als er das Gesicht lange betrachtete, dachte er: Mein Gott! Bist du schön! Wenn du ein menschliches Wesen sein würdest, würde ich dich am liebsten küssen. Ach, wie lange, wie lange nur suche ich ein liebes Mädchen. Aber, so sagte er sich ganz betrübt, du bist ja nur eine Puppe. Dennoch, und aus lauter Sehnsucht nach einem Mädchen, ließ er sich in einen Traum ein, als ob die Puppe doch ein Mädchen sei. So fing er an, sie zu streicheln. Zaghaft betastete er zärtlich ihren Schenkel und streichelte diesen. Dabei stellte er sich immer wieder ein lebendiges Mädchen vor.

Doch nach einer Weile: Was war das auf einmal?!

Voll Schreckens fuhr er auf. Denn dieser Schenkel wurde warm, ja so warm wie bei einem Menschen! – Aber das war vorher nicht!

In übergroßes Erstaunen versetzt, trat er zurück und ging auf die gegenüberliegende Wand zu, an die er sich mit dem Rücken und seinen Händen abstützte. Gebannt mit aufgerissenen Augen blickte er auf die Puppe. Und als er um sich sah, kam es ihm vor, als befände er sich in einer Geisterhütte. Die herumliegenden Gegenstände, die Puppe mit ihrem lang gestreckten Körper – alles schien ihm unwirklich zu sein.

Er bekam Angst, schreckliche Angst. Hinzu kam noch seine Einsamkeit, eine entsetzliche Einsamkeit. Ganz beklommen murmelte er vor sich hin: "Mein Gott! – Wer hilft mir? Wer hilft mir jetzt? Ich bin so alleine! – Wer hilft mir – hilft?!"

Da hörte er auf einmal ein kaum vernehmbar gesprochenes: "Ich!"

Oh Gott! Wer sprach da? Kam das nicht von dieser Puppe? Aber ja doch! Das kam von dorther! Wer sonst könnte es gewesen sein?! Wieder setzte diese schwach klingende, kaum vernehmbar zarte Stimme ein: "Ich – ich werde dir helfen!"

Diesmal bemerkte er es deutlich. Die Stimme kam von dieser Puppe. Jedoch der halb geöffnete Mund, soweit dies bei schwacher Beleuchtung noch erkennbar war, bewegte sich nicht, als sie sprach. Oder doch? Erneut kam's von der Puppe, und wenn's auch schwach klang, so hörte es sich doch sehr lieblich an: "Wo bist du? – Du – der mich errettet hat –?"

Der leicht geöffnete Mund dabei hatte sich wirklich nicht bewegt. Ganz langsam und zögernd wagte er es, an sie heranzugehen. Wieder setzte er sich auf den Hocker. Aber diesmal war er tapfer genug, um dem zu begegnen, was auf ihn zukam. Seine Tapferkeit erwies sich auch schon vorher, als er nach seiner Genesung den Unannehmlichkeiten, die auf ihn zukamen, trotzig widerstand.

Beim erneuten Streicheln des Schenkels widerfuhr ihm zwar eine Ungewissheit. Dennoch, so erschrocken er darüber war, hielt er den Schenkel etwas fester in seiner Hand.

Oh Gott! Die Puppe – in ein menschliches Wesen verwandelt? Wie kann das möglich sein?! Und doch, es geschah! Denn jetzt war es offensichtlich, dass Leben durch seine Berührung in diesen steifen Körper einfloss. Und da, auf einmal – jetzt bewegten sich auch die Lippen etwas: "Wo bist du?"

Seine Antwort kam wie von selbst: "Ich, ich bin's." Da bewegte sich auch dieser Kopf der Puppe, wobei in diese feinen Gesichtszüge Leben einströmte. Bald darauf neigte sich dieser Kopf langsam zu ihm, und währenddessen floss auch in diese starren Augen ein Leben ein, ein Licht – ein Augenlicht! Jetzt wurde es deutlich – aus der Puppe war ein Mädchen geworden! Doch es war immer noch nicht in vollen Lebenskräften, so dass es wie in Trance – nach wie vor noch nicht ganz erwacht – ihn staunend ansah: "Du? – Du also! – Du!"

Er, äußerst verblüfft über diesen Wandel, sah es hingebend an und nickte leicht.

Bald darauf versuchte das Mädchen sich aufzurichten, was ihr durch die Verwandlung in ein menschliches Wesen viel Mühe bereitete. So sagte es, ganz geschwächt wie in einem Dämmerzustand: "Oh! Meine Glieder – die tun so weh!" Und er, so er immer noch nicht ganz fassen konnte, was geschah, blickte es so verwundert an, dass ihm ganz und gar nicht in den Sinn kommen wollte, diesem lieben Wesen doch behilflich sein zu können, was er doch zu gern beabsichtigt hätte.

Endlich, als sich dieses liebe Wesen von seiner liegenden Stellung mit viel Mühe ganz auf der Bank aufsetzen konnte, blickte es erst mal um sich und fragte, wobei die Stimme nicht mehr so geschwächt klang als noch zuvor: "Wo bin ich?"

"Bei mir – bei mir bist du!"

Sie, sich über ihr Befinden mehr und mehr bewusst werdend, sah ihn erfreut an: "Was für eine schöne Stimme du nur hast!"

Sie blickten sich an – aus zwei verschiedenen Welten geboren – so entfernt und doch so nah – manchmal zurückhaltend – zu verdauen, was jetzt mit ihnen geschah. Wieder fanden sich ihre Blicke – mit vielen Fragen – mit vielen Antworten – unerklärlich – unaussprechlich – ganz befangen – ganz hingezogen – empfangend – gebend – ausgelotet bis hin in alle Tiefen – und doch: so unermesslich! – in eins gekehrt – in eins getragen – in eins seiend – in eins strahlend – voller Leben! – vollen Lebens beseelt – beseelt!

Draußen ließ der Regen etwas nach und auch der Wind blies nicht mehr so stark als zuvor. Um sie herum war Stille – heilige Stille!

Der junge Mann sagte zaghaft: "Du bist schön!"

Das Mädchen sah ihn erfreut an: "Du hast ein offenes Gesicht. Deine Augen sind wie Sonne. Du kannst sehr viel Liebe geben, und du bedarfst auch der Liebe; sehr sogar!"

Der junge Mann daraufhin lächelte etwas schüchtern, und das Mädchen blickte nachdenklich vor sich hin. Erinnerungen taten sich auf: "Ja, so war das. Nur wer in sich eine große Seele hat, darf mich erwecken; erwecken als ich noch ein Strauch war."

Der junge Mann sah dieses für ihn so liebe Wesen ganz erstaunt an: "Was?! Der Strauch – das warst du?! Und die Stimme, die zu mir aus dem dichten Blattwerk sprach – du auch?! – Ach ja, die war so ähnlich wie deine." Doch so wie er darüber erstaunt war, kam er gleich in andere Gedanken: "Aber nicht ich war es, der dich erweckte! Der grelle zischende Blitz, der den Strauch in Flammen setzte –. Davon wurdest du doch erweckt."

Das Mädchen verneinte mit leichten Kopfbewegungen: "Nein, irgendwie musste ich in etwas verwandelt geworden sein. Aber gerettet? Nein –. Du! – Du warst es! Ja, und nur du konntest es sein. Oder irre ich mich? Aber du bist doch der junge Mann, den ich vor einigen Monden zu mir geführt habe, um mit diesem zu sprechen?"

Er sah sie erstaunt an: "Du – du mich zu dir geführt?"

"Ja, gerade wegen deines Nachtwandelns war es für mich einfach, dich zu mir zu führen."

"Dass ich Nachtwandler bin, wurde mir im Sanatorium auch gesagt", erwiderte er nachdenklich.

Andrerseits aber, wie sollte so etwas noch eine Rolle spielen, was damals geschah? Waren denn all diese vergangenen Dinge so wichtig gegenüber dem, was jetzt mit den beiden vor sich ging? Denn jetzt, wie fühlte er sich nur durch dieses so liebe Wesen –? Befand er sich nicht in einem Himmelreich?! So betrachtete er dieses feine Mädchen wieder ganz hingebend, und durch alles, was er jetzt erfuhr, taten sich auch viele Fragen auf: "Wie kommt es, dass du in einen Strauch verwandelt warst? Und warum bist du vorhin inmitten der Flammen eine steife Puppe gewesen?"

"War ich denn das?"

"Aber ja doch!"

"Ach mein Lieber, wie sollte ich mich je erinnern können, eine steife Puppe gewesen zu sein? Das wäre doch gerade so, als ob du dich daran erinnern könntest, in deiner Mutter Schoß als ungeborenes Kind gewesen zu sein."

Mit offenem Mund sah er das Mädchen erstaunt an. Dennoch fragte er: "Warum bist du den Flammen nicht entflohen?" – Aber gleich darauf gab er sich selbst die Antwort hierzu: "Na ja, als Puppe konntest du dich nicht bewegen, und ..." Und das Mädchen nahm ihm gleich das Wort: "... und auch nicht bemerken, dass ich in Flammen stand, wie du mir erzähltest. Wohl war ich noch kein vollwertiges, menschliches Wesen. Wohl konnte ich deshalb kaum entfliehen. Wohl brauchte es auch eine Zeit, dass ich nun vor dir bin. Aber dass ich eine Puppe war – erzähle mir davon!"

Darauf erklärte er sogleich, was es mit der Puppe auf sich hatte, und wie diese hierherkam. Und so erfreut sie nun darüber waren, lachten sie herzhaft miteinander. Überglücklich waren sie. Bald fingen sie zu scherzen an, und es blieb auch nicht aus, sich gegenseitig zu zwicken.

Als sie in ihrer übergroßen Freude wieder vom Himmel voller Glück herunterstiegen, umfasste seine geliebte Freundin sein Gesicht: "Wie viel Ausstrahlung du nur hast – so schön!"

"Jetzt weiß ich aber immer noch nicht, warum du in einen Strauch verwandelt warst."

"Das war schon lange, lange her, sehr lange. Meine Mutter hatte mir erzählt, dass während meiner Geburt ein heftiges Gewitter war und ein starker Blitz neben mir einschlug, und ich daher magische Kräfte bekam, die es mir auch ermöglichten, viele Geschehnisse vorausahnen zu können. Darüber hinaus konnte ich auch Einfluss auf meine Mitmenschen ausüben. Jedoch unrecht tun oder Böses im Schilde führen – so etwas ging schnell auf mich zurück, wobei es mir dadurch immer schlecht erging. Und hätte ich einen Fluch über einen Menschen ausgesprochen, so wäre dieser wirksam gewesen."

"Oh Gott! Wie kann das sein –. Aber jeder vollbringt doch nicht nur Gutes, und nicht selten kommt es vor, dass er dies gar nicht gleich bemerkt. Außerdem treten doch auch manchmal Ereignisse ein, gegenüber denen man bestehen muss; wie bei mir einmal, als ein Junge mit mir raufen wollte und ich diesen letztendlich auf den Boden warf. Das war nicht schön von mir. Aber ich musste mich schließlich verteidigen."

"Verteidigen, sagst du. Ja, da konnte ich nicht so loslegen wie du. Das war eben mein verhängnisvolles Schicksal. So hänselten mich eines Tages viele in der Schule. Und ich – durfte mich nicht verteidigen. Gewiss schimpfte ich dabei, dass man mich in Ruhe lassen möge. Aber mich so recht verteidigen – das konnte ich nicht. Ich lief von der Schule weg, und auch von diesem kleinen Städtchen, wo ich zu Hause war, da ich mich so beleidigt fühlte. Ich lief und lief; endlich auf einer großen entlegenen Wiese angelangt, blickte ich zornig zum Himmel auf und rief: Alle Menschen sollen zu Bäumen werden! Sie sollen sich nicht mehr bewegen können, um Schlechtes zu tun. Jedoch was dann geschah, war furchtbar: Mein Fluch fiel auf mich zurück! Meine Bewegungen wurden immer stockender. Und meine Beine – es war, als hätte man Blei in sie gegossen. Das ging zuletzt so weit, dass sie ganz erstarrten, und ich auf einer Stelle buchstäblich anwurzelte. Nur noch meine Arme konnte ich etwas bewegen. Ich griff um mich herum, als wollte ich mich mit aller Gewalt an etwas festhalten, um endlich herauszukommen aus diesem angewurzelten Zustand ..."

Da erstaunte sich ihr Geliebter auf einmal und sah sie betroffen an: "Ha! Deshalb sind also deine Äste so ausgreifend gewesen –. Und weil du nach etwas greifen wolltest, waren diese an den Enden eingeringelt –."

"Das weiß ich nicht; konnte ich mich doch nicht sehen. Allerdings gefühlt habe ich's schon irgendwie, dass meine Äste sehr ausladend gewesen sein dürften. Aber in allem – es war furchtbar damals. Ich verlor mein Bewusstsein, und erst nach vielen Jahren kam ich wieder zu mir, und derartig, dass ich nach und nach bemerken konnte, in einen kleinen Strauch verwandelt geworden zu sein. Ich konnte nichts sehen und auch nichts hören, aber dafür sehr viel erfühlen. Auch die Menschen, welche mit vielem Geschwätz bei mir vorbeizogen – ich konnte sie nicht verstehen, was sie sagten, aber ich erahnte, ob sie glücklich waren, missgünstig oder leicht-lebig, ob sie sich anlogen oder zueinander ehrlich waren. Dazu hatten mich meine magischen Kräfte nicht verlassen, und ebenso auch nicht meine Fähigkeit, manche Geschehnisse vorausahnen zu können. So war es mir nach wie vor vergönnt, Gutes zu tun, unter anderem auch dir zu helfen."

Ihr Geliebter konnte bei ihren Ausführungen nur staunen. Dann fragte er: "Wieso – mir helfen?"

"Du warst ein stark geistig Behinderter. Auch konntest du wegen deines rechten Beines nicht so recht gehen."

"Das wurde mir vor ein paar Monaten einmal gesagt, aber dass du es warst – das gibt's doch nicht."

Seine Freundin nickte und lächelte: "Ich habe dich geheilt, wie ich andere heilte. Die Leute vom Sanatorium konnten dazu gar nicht fähig sein. Dazu waren sie auch nicht imstande. Und ich muss heute noch darüber lachen, wie sie in ihrer Verblendung immer glaubten, besondere Heilmethoden erfunden haben zu wollen. Im Grunde ge-nommen haben sie sich damit nur gegenseitig belogen."

"Aber eine Krankenpflegerin konnte mir das Lesen und Schreiben beibringen, und sie tat das sehr gekonnt."

"Gewiss doch, mein Liebster. Aber damit du alles, was du gelehrt bekamst, auch geistig aufnehmen konntest – das geschah durch mich!" Und während ihr Geliebter sie entgeistert ansah, fuhr seine Freundin fort: "Eines jedoch war für meine Hilfe notwenig: Man musste mich berührt haben, wie dies auch bei anderen Menschen der Fall war. Wer mich nicht berührte, konnte auch keine Beein-flussungen von mir erwarten. Durch die Berührung mit mir konnte ich manches herbeiführen, gerade so, wie du mich durch die Berüh-rung einer Puppe, die ich gewesen sein sollte, zum Leben erweckt hattest –." Und seine Freundin fing an, viele Geschichten darüber zu erzählen, inwiefern sie helfen konnte und auch in der Lage war, einige wegen mancher Ungerechtigkeit und Boshaftigkeiten in Missgunst zu bringen.

Während sie erzählte, kam ihr Geliebter auf etwas anderes zu sprechen, denn gerade dieser violette Schimmer blieb ihm fest in Erinnerung.

Mit voller Erwartung sah er sie an, als sie über seine Frage erst mal nachdachte: "Ja, so muss es gewesen sein, denn diese Kräfte waren wohl so immens, dass auch eine sichtbare Ausstrahlung von ihnen ausgehen musste. Ja, mein Liebster, jetzt erinnere ich mich. Dieses Schimmern konnte ich nicht sehen, da ich als Pflanze nicht zum Sehen geboren war, sondern zum Erfühlen. Ich fühlte dieses leise Licht."

"Aber sag schon, was waren das für Kräfte? Was hat es mit diesem Licht auf sich?"

"Magische Kräfte! Immense Kräfte! Ausgelöst wurden sie durch meine intensive Liebe, die mit voller Zuneigung in einem Ausmaß war, wie du dir das als Menschgeborener nicht vorstellen kannst." Daraufhin lächelte sie ihn an: "Ihr Menschen habt die Liebe für euch alleine nicht gepachtet." Wieder blickte sie nachdenklich vor sich hin: "Und diese Kräfte mussten auch sehr intensiv gewesen sein, dass es zu einer so raschen Heilung deines rechten Beines überhaupt kam. Und mit derselben ungeheuerlichen Intensität gingen diese Kräfte einher, als es darum ging, dein Bewusstsein zu erhellen, und nicht zuletzt, dass du wenigstens ein paar Worte sprechen konntest. Auch dass ich mit dir redete – und wie sollte ich als Strauch schon dazu fähig sein –, geschah durch das gleiche Wunder dieser unermesslichen Kräfte, die auf dich wohl so intensiv einwirkten, dass es zu diesem Aufleuchten kam."

"Aber sobald ich danach aufblickte, um zu erkennen, woher das, wie du sagst, leise Licht kam, verschwand dieses sogleich."

Da lachte seine Freundin: "Ach, ihr Menschen, wie dumm ihr nur seid! Mein Liebster, wenn du einem Wunder nachgehst, um es erforschen zu wollen, so verschwindet es natürlich. Das ist mit allem so, was durch Wunder wirkt. Wunder sind nun mal Wunder, und bleiben auch Wunder, sonst wären sie keine."

"Versteh ich nicht", sagte ihr Geliebter enttäuscht.

"Das ist doch ganz einfach. Siehe, du lebst doch nicht nur durch gesunde Organe. Damit du lebst, musste dir doch ein Lebensatem eingehaucht worden sein! Und, was bedeutet dieser Lebensatem –?" Dabei erinnerte sich ihr Geliebter an eine Szenerie, die er einmal in der großen Küche des Sanatoriums erlebte, wobei einer lebenden Henne der Kopf abgehackt wurde. Er erzählte seiner Geliebten davon, dass trotz des abgehackten Kopfes dieses Tier noch umherlief.

"Siehst du, weil eben noch der Lebensatem in ihm war, weil dieses Wunder 'Leben' in ihm noch wirkte. Oder blick dir doch mal eine Blume an. Du magst sie zerpflücken und erforschen bis hin zu allen Details, doch was bleibt übrig? Hast du dabei das Leben in der Blume nicht kaputtgemacht?"

"Das schon, aber wenn mich das Innere einer Blume interessiert, so muss ich doch …" Sie unterbrach ihn: "Mein Liebster, du hast Teile vor dir, die du erforschen magst, aber noch lange kein gelüftetes Wunder. Denn das Wunder in der Blume, dass sie blüht, hast du durch dein Zerlegen zerstört."

"Aber es ist doch im Sinn aller Forschung, dass man analysiert und untersucht. Dabei findet man vieles …" Da wurde er gleich unterbrochen: "Nein, nicht alles kann man herausfinden; nur so viel, wie es die begrenzte Intelligenz zulässt, die sich ja nur mit Verstand alles vergegenständlichen will. Aber es gibt darüber hinaus noch viel, viel mehr."

Beide sahen nachdenklich vor sich hin, und seine Geliebte streichelte seine Wangen, indem sie leicht lächelte: "Mein Liebster, warum willst du nicht alles, was in der Welt erscheint, an seinem Platz lassen? Die Blume als bloßes Ding betrachtet, was sie zwar nicht ist, magst du erforschen, aber die Wunder darin – lasse ab davon! Frage nicht, woher sie kommen und was sie sind. Du würdest dabei nur zerstören, was heilig ist, ja, hochheilig!"

Nach einer Weile, als sie sich gegenseitig immer wieder streichelten, fragte ihr Geliebter: "Hast du durch deine magischen Kräfte auch das Gewitter herbeigeführt?"

"Oho!", lachte seine Freundin auf. "Aber so etwas doch nicht! Niemand, kein lebendes Wesen kann die unendlichen Kräfte der Schöpfung lenken; ja, überhaupt sich diese Unermesslichkeiten nur vorstellen zu wollen – das geht doch gar nicht. Der menschliche Verstand mag sich mit Zeichnungen vergegenwärtigen, dass es Planetensysteme gibt, die sich in einem Sonnensystem befinden, und diese Sonnen wiederum in Spiralnebel und so fort. Aber du hast doch noch lange keine anschauliche Vorstellung von diesen Ausmaßen –. Allein, kannst du dir den riesigen Koloss Erde vor Augen klar vorstellen?" Als ihr Geliebter nicht gleich antwortete, lächelte sie etwas: "Oder doch –?"

Ihr Geliebter nickte leicht und sann nachdenklich vor sich hin: "Na ja, da ist schon was dran, was du sagst."

Sie lächelte: "Dass du daran wenigstens zweifelst, freut mich sehr, denn ich weiß, dass es genügend Menschen gibt, die sogar überzeugt davon sind, sich solche immensen Ausmaße vorstellen zu können."

Nach einer Weile fügte sie mit gesenktem Kopf nachdenklich hinzu: "Kommt wohl daher, dass sie sich durch ihre Forschungen in derartige Überheblichkeiten verstiegen, sich einen eigens geschaffenen Kosmos auszudenken." Und während ihr Geliebter zulächelnd nickte, fuhr sie fort: "Auch die Macht, die bis hin zum unendlichen Universum hinter allem steckt – unvorstellbar! Und mit der Macht des Schicksals ist es nicht anders – unbegreifbar! So kann es auch kein lebendes Wesen geben, das hierbei bewusst etwas zu lenken vermag. Ja, selbst das Leben, wir haben es in allem nie in ganzer Hand! Vieles ist dabei vorherbestimmt; schon längst in den Chiffren unseres Lebens vorgezeichnet, was alles auf uns zukommen wird. So ist auch die Umweltverschmutzung samt ihrer Menschheitsverschmutzung, weil sich viele durch ihren garstigen Umgang miteinander längst verschmutzten, schon in Chiffren vorgezeichnet. Nur – warum, weshalb ...? Wir wissen es nicht."

"Aber wenn du das Leben mancher Menschen durch deine magischen Kräfte verändern konntest, so besagt das doch, dass du in das Schicksal der Menschen einzugreifen in der Lage warst."

"Oh, mein Liebster, du stellst dir das zu einfach vor. Nein! Und nochmals: nein! Ich war nur ein auslösender Teil davon, nichts weiter. Auch was ich tat, gehört zum Schicksalsplan dazu. Wir wissen davon so wenig, wie wir dies auch nicht begreifen können."

"Das ist schwer zu verstehen –."

"Wir verstehen vieles nicht. Unsere geistigen Fähigkeiten sind nur auf einen kleinen Teil von dem beschränkt, was es alles gibt. Denn über alldem, was wir erleben und empfinden, gibt es weitaus mehr, als was unsere Vorstellungen erahnen können. Zu dürftig sind wir hierfür." Dann fügte sie leicht kopfschüttelnd hinzu: "Wie nur die Menschheit so einfältig sein kann, und sich mit ihrer ärmlichen Intelligenz sich für weiß Gott was hält."

"Aber das Wissen, welches wir haben, kann sich erweitern, und dadurch lässt sich auch vieles in Erfahrung bringen, Neues zu erforschen. Und übergeordnet gesehen, gilt es doch, die Wahrheit zu erkennen."

"Gewiss doch. Denn dem Menschen ist's gegeben, ja sogar aufgetragen, nach Wahrheit zu suchen. Doch sage nie, du hättest die volle Wahrheit schon erkannt, wenn du nur etwas in Erfahrung brachtest. Außerdem, wie würdest du leben, wenn du alles, wie und warum du lebst, und nicht zuletzt auch, was dich erlebt, geöffnet vor dir liegen hättest –? Oder, wie solltest du noch eine Ausschau haben wollen oder in dir noch eine Sehnsucht verspüren, wenn du dies alles analysiert vor dir hättest? Wie wäre dir denn – ohne Sehnsucht? Wie – ohne Frage? Würdest du denn, wenn alles geantwortet ist – also ohne dass eine Frage noch übrig wäre! –, noch als lebendes Wesen hervorgehen? Bedenke auch, dass das Leben nur durch Polaritäten möglich ist, nur dadurch in Bewegung sein kann! Ach, mein Liebster, ist es nicht besser, den Werten des Lebens bewusst zu werden, als ihm mit Analysen – ja, geradezu nachzutrachten?"

Ihr Geliebter nickte nachdenklich, und sie nahm ihn an den Schultern: "Willst du denn wissen, wer du bist? Will ich denn wissen, wer ich bin? – Wofür? Warum? Oder wollen wir den Inhalt eines Kruges, der uns so schmeckt, eher überprüfen als ihn kosten? Reicht die Schönheit des Inhalts nicht? Reicht die Schönheit des Kruges nicht? Reicht es uns nicht, was wir uns sind? Gleich gar, was wir uns geworden sind?"

Hingerissen von dieser schönen Stimme und von dem, was diese so tiefsinnig und zart hervorbrachte, neigte er sich zu seiner Geliebten mit einem zarten Kuss. Wieder tranken ihre Blicke voneinander – endlos.

Als er sie umarmte, sah er hinter ihr das Fenster der Scheune, wie durch die entfernte Laterne das Glas dabei durch den Staub darauf schimmerte. "Das Unwetter vorher, das war ja schon ein heller Wahnsinn", sagte er nachdenklich. Und sie fügte hinzu: "Doch ohne diesem Unwetter – siehe, das ist auch so etwas! – wären wir gar nicht zusammengekommen."

Besonnen nickte er ihr zu, und beide kamen in viele Gedanken. Jedoch was ging auf einmal in seiner Geliebten vor? Sie sah beklommen drein. Gleich fragte er: "Was hat's mit dir? Warum bist du plötzlich so verstimmt? Oder hast du Angst? – Weißt du, wenn ich bei dir bin, brauchst du dich über nichts fürchten. Ich – ich bin da. Ich beschütze dich!"

Seine Freundin lächelte leicht und streichelte ihn über seinen Kopf: "Das weiß ich doch."

"Aber du bist doch jetzt über etwas – wenn ich nur wüsste ..."

"Nein, nichts – es ist nichts."

"Doch! Da ist eben schon was. Du willst es mir nur nicht sagen. Warum nicht? Sieh mal, jetzt sind wir so schön beisammen, und wie wir uns verstehen – das ist doch so herrlich! So großartig!"

Sie nickte daraufhin leicht. Jedoch sie – schwieg. Aber er gab nicht auf: "Sag schon, was dich so bedrückt! – Das macht mich ganz wahnsinnig! Sag schon! Bitte, sage es mir doch endlich!"

Endlich sah seine Geliebte ein, dass es keinen Sinn hatte, noch weiterhin zu schweigen. Doch bevor sie sprach, und da sie durch ihr spezielles Schicksal nicht lügen durfte, blickte sie zur Seite und atmete erst mal tief ein. Dann kam's ganz zaghaft und stotternd aus ihr: "Es wird – wird – ein Unheil auf uns zukommen."

Er, tief erschrocken, fragte mit aufgerissenen Augen: "Was?! Was sagst du da?! Ein Unheil?!" Dann setzte er aufgeregt hinzu, da er es nicht glauben wollte und auch nicht fassen konnte: "Bist du verrückt?! Das gibt's doch nicht! Das kann's auch gar nicht geben!" Sein Gesicht verzerrte sich in schreckliche Angst: "Gerade wo wir doch jetzt ..." Seine Stimme stocke, er konnte nicht weiterreden.

Seine Freundin, immer noch ihren Blick zur Seite gekehrt, war wie abwesend. Er jedoch fuhr auf: "Wenn du schon alles voraussehen kannst, musst du auch sagen können, was das für ein Unheil ist!"

"Ich weiß es nicht, weiß nur ..." Schroff wurde sie unterbrochen: "Ach, du willst es nicht sagen!" Und verärgert rief er ihr zu: "Du lügst mich doch an!"

Seine Freundin fing leicht zu schluchzen an, und wieder neigte sie ihren Kopf zur Seite, so dass sie kaum vernehmbar sagte: "Wir werden dann vielleicht in einer anderen Welt ..."

Doch er, vor lauter Aufregung und Groll hörte gar nicht, was sie sagte. Auch wurde ihre Stimme durch ein dumpfes lautes Dröhnen, was sich weit draußen entfernt bemerkbar machte, übertönt. Und er fuhr mit lauter Stimme auf: "Warum erzählst du nichts von diesem Unheil! Du weißt es doch!"

Sie erwiderte ganz verzweifelt, indem ihre Augen feuchter und feuchter wurden: "Mein Gott! Ich weiß es doch nicht! Ich kann nicht alles voraussehen!"

Plötzlich musste draußen ein starker Blitz den nächtlichen Himmel durchbrochen haben, denn durch das Fenster der Scheune brach ein greller Lichtschein. Der Donner darauf kam mit einem ohrenbetäubenden Knall, und mit so einer Wucht, dass sogar die Scheune leicht zu wackeln anfing.

Ihr Geliebter ängstige sich so vor Aufregung, dass ihm Tränen in den Augen standen: "Mein Gott! Und das da draußen hört auch nicht auf! Fängt denn das schon wieder an?!" Und gerade als er rausgehen wollte, um nachzusehen, was sich da abspielte, rief seine Geliebte ganz laut: "Bleib! Bleib hier! Komm! Komm doch!"

Er eilte zu ihr, und als er sah, wie aufgelöst sie sich ängstigte, entgegnete er verzweifelt: "Mein Liebes! — Mein Liebes! — Was für ein Unheil?! — Sag es mir doch!"

"Wenn ich es doch nicht weiß!", schluchzte sie. "Ich weiß es nicht!"

Als er sie umarmte, bemerkte er, wie ihr Körper vor Angst bebte: "Oh Gott! — Du zitterst ja! Und wie! Ich habe doch gesagt, du brauchst keine Angst haben, wenn ich bei dir bin! Ich bin bei dir, du bei mir! — Was sollte da schon sein?!"

Sie nickte zustimmend und sagte, durch seine Bekräftigung etwas erleichtert: "Ja, wir beide —."

Plötzlich — was war das nur?! Ein zuckendes Aufflackern direkt über der Scheune. Ein grelles Licht mit einem heftigen Knall durchbohrte diese Holzhütte.

Wollte sich denn der Himmel das holen, was er so lieblich und zart gestaltete? Wollte er sich das wirklich holen? —

Wohl muss es so gewesen sein. Denn das Feinsinnige, das Zarte, das Schöne — es konnte auf diesem Planeten in dieser rauen und kalten Welt der Erdbewohner kaum einen Platz noch finden, weil weder an die Geheimnisse von Wundern geglaubt wurde, noch dass man sie als ungelüftet haben wollte.

Am darauf folgenden Tag hörte man einen Zeitungsverkäufer rufen: "Sonderausgabe! — Verkohltes Liebespaar! — Fünfzehn Geistesgestörte intelligent! — Das Neueste! — Verkohltes Liebespaar! — Fünfzehn Geistesgestörte intelligent! — Das Neueste! — Verkohltes Liebespaar! ..."

Was anderes wussten die Menschen nicht zu berichten.

In einer fremden Welt

von

Peter Chris Mendl

Wer möchte schon meinen, dass wir bei allem Fortschritts-glauben mit Hightech in einer fremden Welt leben? Oder sind wir darüber bereits so verblendet worden, uns darüber nicht mehr bewusst werden zu können? Immerhin ein brisantes Thema über den Verlust zwischenmenschlicher Beziehungen, bis hin zur ver-stellten Sicht globaler Zusammenhänge.

Authentische Erlebnisse des Autors stellen unsere Epoche in Frage, wobei es sowohl um die Aufklärung eines mysteriösen Todesfalls geht als auch um eingehende Beschreibungen von Ein-samkeit, bis hin zu einer innigen Verbundenheit zweier Freunde, deren Empfindungen und Gedanken konträr zu unserem Weltbild stehen.

Books on Demand GmbH
ISBN 3-89906-173-X

Der Autor

Am 12. März 1937 in München geboren, schloss er
1964 das Studium des Flugzeugbauingenieurs ab.
Nach dreijähriger Berufstätigkeit: Kunststudium.
1970/71 Bühnenbildassistent am Nationaltheater München.
Danach Lehrtätigkeit im In- und Ausland;
auch mit kunstphilosophischen Vorträgen und Museumsführungen.
Veröffentlichungen: 'Praxis des Zeichnens' und 'Praxis des Malens'
(2. Auflage. BLV Verlag)
Einzelausstellungen und Ausstellungsbeteiligungen
sowie Lichtschauvorführungen im In- und Ausland.
Auszeichnungen für Malerei und Fotografie.